JN438661

밥상

— 박경주 수필선

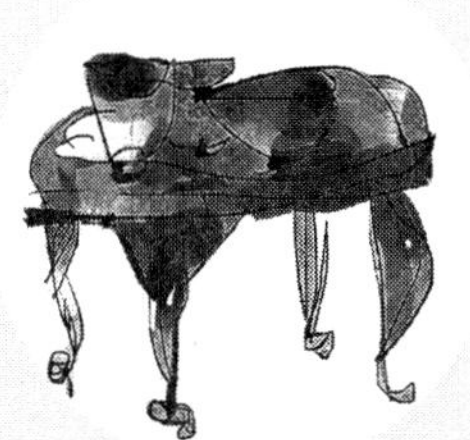

현대수필가100인선 Ⅱ · 35

수필과비평사 · 좋은수필사

밥상

— 박경주 수필선

책머리에

수필은 누구나 부담 없이 읽고, 마음만 먹으면 직접 쓸 수도 있는 가장 친근한 문학이다. 다른 영역의 문학이 영상매체에 밀려 신음하고 있는 중에도 수필 인구만은 날로 증가하여 바야흐로 수필 전성시대를 구가하고 있는 이유도 거기에 있을 것이다.

시대적 추세에 힘입어 수많은 수필전문지, 수필동인지가 창간되고, 이에 비례하여 신진 수필가도 날로 늘어나다 보니 이제는 그 많은 작가, 그 많은 작품 중에서 문학성 높은 작품을 가려 읽는 일이 쉽지 않게 되었다. 이런 현상은 작가에게나 독자에게나 결코 바람직한 일이 아니다. 더 나아가서는 수필을 연구하는 후세들에게도 큰 부담이 될 것이다.

이런 문제를 해결하는 데는 출판인도 마땅히 한몫을 감당해야 한다는 평소의 소신에 따라, 본사가 기꺼이 그 역할을 맡기로 했다. 그 첫 번째 사업으로 시대를 대표할 만한 수필가 100인을 선정하고, 작가가 자선한 40편 내외의 작품을 수록한 문고본을 발간하여 이를 널리 보급함으로써 그 소임을 다하고자 한다.

본사는 사명감을 가지고 이 사업을 추진해 나가기로 했다. 작가 선정을 전담할 편집위원회를 구성하고 전권을 위임하여 일체의 사적인 정실이나 청탁을 배제함으로써 전문성과 공정성을 확보해 나갈 것이다.

따라서 이 기획물 속에는 작가의 문학정신뿐만 아니라, 본사의 문학사적 기여 의지와 편집위원 제위의 수필문학에 대한 애정과 문인으로서의 양심이 함께 담겨 있음을 자부한다. 다만, 작가를 선정하는 기준에는 많은 견해의 차이가 있을 수 있고, 선정 과정에서도 미처 챙기지 못한 부분이 있을 것이라는 사실만은 인정하지 않을 수 없다. 이 점에 대해서는 관계자 여러분의 양해 있으시기 바란다.

이 시리즈의 발간 순서는 작가, 또는 본사의 사정에 의한 것일 뿐 그밖의 어떤 기준도 적용하지 않았음을 밝힌다.

본 기획물이 시대를 초월한 많은 수필 애호가들의 관심과 애정 속에 우리나라 수필문학 발전에 한 이정표가 되기를 바랄 뿐이다.

본사에서는 이상과 같은 취지로 《현대수필가 100인선》 전 100권을 완간하여 큰 반향을 불러일으킨 바 있다.

그러나 우리 수필문단의 규모나 수필문학의 수준에 비추어 선정 작가를 100인으로 한정하는 것은 형평성이나 효율성 면에서 크게 부족하다는 의견이 많았고, 본사 또한 이를 통감하던 터라 기꺼이 《현대수필가 100인선 II》를 발간하기로 했다.

본사의 충정에 찬동하여 출판에 응해주신 저자 여러분께 진심으로 감사한다.

2014년 9월

수필과비평 · 좋은수필 발행인 서정환

현대수필가 100인선 간행 편집위원 박재식 최병호

정진권 강호형

오세윤

1
여우와 포도밭

2
배 웅

3
뒤늦은 칭찬

4
감자 열매

여우와 포도밭

1

밥상
눈물
합방合房
천익이
여우와 포도밭
이륙離陸
동그라미
외면外面
곗날
벌새 크리킨디 이야기

밥상

어린 시절, 우리 집 밥상은 다섯 명이 둘러앉는 두리반이었다. 그 단출한 상床은 농부의 뙈기논처럼 내 어머니가 가꾸는 꿈의 공간이었다. 어린 날의 행복, 돌이켜보면 그건 찰나처럼 지나가버렸다.

칠이 벗겨져 나간 그 두리반이 알록진 자개를 박은 교자상으로 바뀐 건 큰오빠가 결혼하면서부터였다. 이어 나와 작은 오빠의 결혼으로 식구는 해마다 불어났다. 교자상 한 개로도 부족해서 두 개를 이어붙여야만 제대로 앉아 먹을 수 있었다. 우리 삼 남매가 낳은 여섯 아이들이 커가면서 두 개의 상도 비좁아지기 시작했다. 그러자 그 곁에 또 소반小盤을 붙여 밥을 먹었다. 우리 집 밥상은 열넷이 모인 고래실논이 되었다.

그리고 우리는 순서도 없이 떠나는 식구들을 지극한 아픔으로 하나, 둘 그 상으로부터 배웅했다. 열넷이 빙 둘러앉던 식탁을 가장 먼저 떠난 건 어머니였다. 그토록 열심히 밥상을 차리시다 먼저 눈을 감았다. 떠나신 뒤, 그 밥상 차리기는 큰올케 몫이 되었다.

그 후. 친정집 교자상은 제상祭床이 되기도 했다. 이제 누가 먼저 이 상을 떠나게 될까. 물론 아버지일 것이었다. 늘 그게 서운해 말없이 아버지 손을 어루만지곤 했다. 그러나 어머니 다음으로 밥상을 떠난 이는 아버지가 아니라 내 남편이었다. 다시 몇 년 후, 항상 밥상의 가운데 자리에 앉아 계시던 아버지가 영원히 그 자리를 비우셨다. 그리고 다시 몇 해가 흐른 오늘, 작은오빠도 더 이상 '식구食口'가 아니다.

초등학교 시절, 소풍을 가면 담임선생님은 학급 학생들을 빙 둘러앉히곤 했다. 수건돌리기를 하기 위해서였다. 술래는 수건을 들고 뛰다가 누군가의 등 뒤에 몰래 그걸 놓아두었다. 혹시나 내 등 뒤에 수건이 떨어진 건 아닐까. 더듬던 중 손가락 끝에 그것이 닿던 순간에 느꼈던 놀라움과 당혹감, 그 아뜩함. '죽음'이란, 그렇게 뜻밖의 술래가 되는 것일지도 모르겠다.

만일 그렇다면, 죽음은 신이 술래인 수건돌리기 같은 것일까. 밥상 주변에 빙 둘러 앉았던 식구들이 하나둘 순서도 없이 떠나는 것을 보면, 죽음의 신은 우리 등 뒤를 돌고 있는 것만 같다. 다음 차례는 누구로 할까.

돌아오는 부모님 기일에 나는 또 친정집의 그 오래된 밥상 앞에 앉게 될 게다. 허전함과 쓸쓸함 속에 먼저 간 식구들을 기리는 제삿밥을 먹게 될 것이다. 달라질 게 있다면, 예전에 부모님이 앉던 상석에 큰오빠와 함께 앉게 되지 않을까. 제법 어른다운 말을 해야 할 텐데….

빈자리는 채워지게 마련이다. 군데군데 허전한 빈자리에는 아직은 작고 여린 아기들이 넉넉하게 앉게 되리라. 교자상 두 개면 충분하겠지. 다시 소반이 필요할 무렵, 나와 큰오빠도 여길 떠나게 될까. 상도 제법 늙었다. 우리가 모두 떠나면, 새 밥상이 생길 것이다. 그렇게 한 시대가 끝나리라.

눈물

남편의 하관下棺이 시작되었다. 그때다. 갑자기 남편의 친구가 달려와 뒤에서 나를 껴안았다. 옴짝달싹 못하게. 행여 넋이 빠지도록 울부짖다 기진할지도 모를 나를 지켜주려고, 어쩌면 남편을 따라 땅속으로 몸을 던질 것만 같은 나를 제지하기 위해 그는 그렇게 붙든 것이었다.

주위의 시선은 모두 나를 향했다. 사실 더 흘릴 눈물도 없었지만, 나는 또 울어야 했다. 춥고 배고프고 지친 나머지 어서 이 의식이 끝나길 간절히 바랐지만, 뒤에서 온 힘으로 나를 끌어안은 그 사람의 체면이 걱정되지 않을 수 없었다. 어쩌면 나는 그를 위해 울어야 했는지도 몰랐다. 포효하듯 소리를 질러 보았다. 눈물은 영 나오지 않았다.

그땐 남편의 간병을 하느라 허약해져 있었다. 그런 몸으로

긴 장례식은 무리였다. 그저 악에 받쳐 버티고 있었을 뿐, 무엇보다 배가 고팠다. 하지만 난 처절한 모습이어야 했다. 남편을 잃은 미망인으로서 스스로 밥을 찾아 먹는다는 건 생각할 수조차 없었다. 남편이 죽자 갑자기 허기가 졌다. 무엇이든 먹고 싶었다.

그러나 장례식 내내, "쟤가 무슨 밥이 먹고 싶겠냐."고 모두들 이구동성으로 수군거렸다. 남편을 묻고 돌아오는 길, 나는 일행 사이를 살짝 빠져 나왔다. 그러고 나서 소복 차림으로 동네의 조그만 중국집을 찾았다. 자장면을 시켰지만, 잘 먹을 수 없었다. 그때 휴대전화가 울렸다. 모두 나를 찾고 있었다. 그런대로 주린 배를 채우고 집으로 돌아왔다.

안방 문을 열었다. 남편의 이부자리가 휑하니 나를 맞았다. 그의 마른 육신이 내 손길에 의지하던 지난 8개월여의 시간. 나는 그 시간 위에 엎드렸다. 그 시간이란 공간 위에 영정사진을 올려놓았다. 그러자 눈물이 터져 나왔다.

합방 合房

꼭 16년 만이다. 지리산 기슭에 잠들었던 어머니가 당신의 지아비를 찾게 된 것은. 이태 전, 아버지는 먼저 가신 어머니 곁으로 가지 못한 채 안성 천주교 묘지에 안장되셨다. 오늘 두 분의 소망이 오랜 기다림 끝에 이루어지게 되는 것일까.

시간에 맞추어 안성에 도착했다. 유해로나마 만날 수 있다는 설렘. 그건 당신의 죽음을 다시 한 번 확인하는 가슴 아픈 일이긴 했지만 그렇게나마 만날 수 있다는 사실에 적잖이 흥분되었다. 마른 침을 삼키고 뛰는 가슴을 진정시키며 어머니의 유골 앞에 다가섰다. 오라버니가 구례에서 모시고 온 당신은 낡은 사과상자 속에 담겨있었다. 귀퉁이가 찢겨진 상자 속에 어머니가 들어 있다니…. 일꾼들이 이미 1미터쯤 땅을 파 놓은 곳에 조심스럽게 꺼낸 유골을 조각조각 맞추어 사람의 형상을 만들어 보고 있었다. 떠나시던 날 입고 가신 삼베옷은 간 데 없고 초라한 모습으로 열여섯 해 만에 세상 빛을 구경하고 계셨다. 반듯하게 하늘을 향해 누운 채, 저항하지 못하는 모습으로 당신은 우리 가족에게, 그리고 아버지에게 돌아오셨다. 나의 어머니라는 그 뼈 위에 난 육신의 옷을 입히고 생전의 숨결을 불어넣어, 기억 속의 어머니를 만들고 있었다. 아담한 키와 갸름한 얼굴, '그래, 바로 엄마의 모습이다.' 검게 그을린 당신의 두개골에서는 여전히 처연한 모성이 빛나고 있는 듯, 땅 속에서도 여전히 그 따스함을 잃지 않았구나.

하지만 더 이상 다가가지 못했다. 생生과 사死는 엄청난 너비의 강을 사이에 둔 다른 세계였다. 그것을 넘을 방법이 내겐 없었다. 어느새 유해 위로 흙이 덮이고 있었다. 일꾼들이 부르는 한 가락 애달픈 선소리가 그나마 내 마음에 위안이 되었다. 발로 흙을 다지며 고인의 명복을 빌어주던 그들은, 이윽고 일을 끝내며 이구동성으로 이렇게 말했다.

"좋겠수다. 이제 합방을 했으니 두 분 다 아주 좋겠수다."

삽을 메고 그들은 떠났다.

사실은 부모님을 합방시킨 것이 이번이 처음은 아닌 것 같다. 젊어서 금슬 좋으셨던 부모님이셨지만, 손자 손녀들이 생기면서 두 분은 잠자리를 같이하지 못하고, 아버지는 서재에서 어머니는 안방에서 따로 주무셨다. 바쁜 자식들을 대신해 손자 손녀들을 손수 양육하던 어머니는 아기들을 데리고 주무셨기 때문이다. 그렇게 자연스럽게 각방을 쓰게 된 부모님은 손자들이 다 큰 후에도 새삼스레 합방을 하기가 쑥스러웠는지 따로 주무셨다.

언젠가 어머니는 내게 하소연을 하셨다. 슬프게 우시며 외롭다고, 각방을 쓰니 너무 쓸쓸하다고. 아버지와 한 방에서 잠자며 손도 잡아 보고 싶고 얘기도 도란도란 나누고 싶다고 하셨다. 아버지와 딴방에서 밤을 보내니 자연히 부부 간에 멀게 느껴진다고 하셨다. 그날 밤 곰곰이 생각한 나는 이튿날, 다시 친정으로 달려갔다. 아버지 방에 있던 이부자리를 몽땅 들어다가 안방에 던지듯 내려놓았다.

"아버지, 나이 드실수록 혼자 주무시면 안돼요. 엄마랑 같이 주무셔야 해요. 노인들은 혼자 자다가 변을 당하기도 한대요."

아버지가 행여 어색할까봐 나는 오빠네 식구들이 다 들을 수 있도록 큰소리로 말했다. 아버지의 반응은 은근히 좋아 보였다. 그동안 아들과 며느리 앞에서 체면을 차리신 것이었을까. 딸의 말에 못이기는 척 그날 밤, 아버지는 어머니와 어색한 합방을 하셨다.

다음 날 어머니가 내게 전화를 걸어 오셨다. 아주 행복에 찬 음성이었다.

"고맙다. 이래서 딸이 좋은 거로구나."

엄마는 정말 내가 고마운지 그날따라 수화기를 놓지 않으셨다. 그러나 그 행복도 잠시, 어머니는 갑작스런 병환으로 며칠 후에 몸져눕게 되셨으니 합방의 짧은 행복은 거기서 멈추고 말았다.

오늘밤, 어머니는 아버지가 뻗친 손을 오랜만에 잡고 잠드실까. 무덤 속만 아니라면 내게 행복하다는 전화 한 통화쯤 내일 걸어 올만도 하건만.

천익이

발로 차 먹고사는 사람이 있었다. 축구 선수는 아니었다. 저잣거리의 단속꾼, 천익이는 아침부터 밤까지 하루에도 몇 차례나 긴 시장거리의 난전을 오갔다. 그가 하는 일은 군홧발로 좌판을 냅다 차는 것이었다. 소위 불법 상인들을 내쫓는 단속반이었기 때문이다. 1970년대 초, 지지리도 배운 것 없고 찢어지게 가난했기에, 그야말로 저자에 좌판 하나 올려두고 장사할 밑천도 없었기에 발로 차기 시작했다. 그렇게 해야 일찍 돌아가신 아버지 대신 온 가족에게 보리죽이라도 먹일 수 있었다. 천익이 사는 판잣집이 응암동 어디 산기슭이었기에, 그의 일터도 응암동 '신양극장' 뒤 어느 시장이었던 것 같다.

동이 트면, 난전 상인들이 하나둘 모여들었다. 줄이 그어져 있지 않지만 모두 어제 자기들이 앉았던 그 자리를 정확히 찾아 앉는다. 아무리 발로 차이고 끌어내어도 날만 새면 꼭 그 자리에 앉았다. 시장은 길게 열렸다. 한 바퀴 도는 데 족히 한 시간 반은 걸렸다. 천익이는 상인들의 물건이 담긴 빨간 플라스틱 통과 종이 상자를 거침없이 발로 걷어찼다. 마구 차야 했다. 그가 멀리서 나타나면 상인들은 재빨리 길 가운데 펼쳐둔 야채며 생선, 개고기, 순대, 묵, 과일, 빗자루 등등을 주섬주섬 챙겨 황급히 길가로 달아났다. 점포 상들은 그 광경을 물끄러미 바라만 봤다. 아마도 천익이가 받는 돈은 그들이 내어주는 건지도 몰랐다.

대학교 2학년 때였을까. 아버지 심부름으로 천익의 집을 찾았다. 천익은 나보다 네 살 위였고 그 어머니는 내 고모였다. 기억은 잘 나지 않지만, 아마 고모부 제사에 긴히 쓰라고 향촉 대금을 전하러 갔을 게다. 고모는 판자촌의 초라한 쪽방에 살았다. 집 앞에서 고모는 낱담배와 시루떡을 팔고 계셨다. 방바닥은 당시 아리랑 담배 껍질을 모아 이어 붙였다. 그 껍질이 퍽이나 반들댔기에 방바닥은 니스를 먹인 것처럼 번쩍번쩍 윤이 났다. 사람이 그렇게 가난할 수 있다는 것이 믿어지지 않았다.

해 질 녘이었다. 바깥이 시끄러웠다. 덩치 큰 사내들이 몰려와 좌판에 있던 고모의 떡시루를 발로 걷어찼다. 그들은 불법 노점상 단속반이었다. 마구 욕설을 퍼부었고, 고모는 손을 모아 사정했다.

밤늦게 귀가한 천익이 오빠는 그 얘기를 듣고 분을 이기지 못했다.

"나도 발로 차고 다니지만 그렇게는 안 찬다, 이 말씀이야. 난 말이야. 사과 궤짝하고 쓰레기만 냅다 찰 뿐이야."

"…."

나는 아무 말도 할 수 없었다.

"나는 발로 차기 전에 큰소리 지르고 욕을 해대기 때문에 사람들이 충분히 물건을 치울 수가 있어. 그런데 이놈의 자식들은!"

천익이 오빠는 손을 떨며 울부짖었다.

"아따, 괜찮해야. 그래도 꼭, 떡 다 판 해 질 녘에 오거든."

고모가 오빠를 위로했다.

고모네 떡시루는 알루미늄이라 다행히 깨지질 않았고, 고모 말처럼 해 질 녘이라 떡은 거의 판 뒤였다. 길바닥에 나뒹구는 떡을 모아 고모는 이리 떼고 저리 떼어 쟁반에 담아 나를 주었다. 눈물 젖은 그 떡으로 저녁을 때웠다. 그날 밤은 고모의 만류로 거기 묵었다. 난생처음 판잣집에서 잤다.

그날 밤, 천익이 오빠는 날 데리고 푸념을 이어갔다.

"사실은 경주야, 내가 매일 발로 차고 다니긴 하지만, 손해 본 상인들도 없고, 나를 욕하는 사람도 없어."

"그게 다 오빠 기술이여."

"요것이?"

천익이 오빠는 나에겐 욕도 안 하고 머리카락만 자꾸 쓰다듬어 귀에 걸어주었다.

겨울 아침, 바람은 찼다. 이튿날 나는 세수도 하지 않고 고모 집을 빠져 나왔다. 가난은 구경하는 것조차 슬프고 힘들었다. 어젯밤 단속꾼들이 떡시루를 발로 찼지만, 고모는 아침이 되자 오그라진 알루미늄 시루에 여전히 떡을 안쳤다. 떡이 익으면 어제 그 좌판에 다시 내다 놓을 게다. 그리고 며칠 후, 또 떡을 다 팔 해 질 녘에나 다시 그 사내들이 나타나 빈 시루를 발로 차며 고래고래 소리를 지를 것이었다. 그 무렵, 저 아래 시장에서는 천익이 오빠가 목청껏 소리 지르며 연신 사과 궤짝에나 발길질을 하고 있을 것이었다.

여우와 포도밭

아부지, 홍시 먹고 싶은디. 홍시 사줘.

어린 시절 책상 앞에 앉기만 하면 배부터 고팠다. 문풍지도 떨던 삭풍이 아랫목까지 한기를 몰고 오던 겨울밤이면 아버지는 보채는 나 때문에 가게까지 꼭 다녀오셔야 했다. 빨갛게 터져가는 홍시를 사오시던 아버지. 한밤 추위보다 아버지는 자신의 호주머니가 더 외롭고 추웠을 것이다. 겨울이 깊을수록 아버지의 외상장부도 점점 두꺼워졌으리. 공책 낱장을 뜯어 만든 봉투에서 홍시 몇 알 꺼내주시던 아버지 손은 얼음장보다 차가웠다.

"먹고 자나 안 먹고 자나 아침에 자고 일어나면 똑같은디."

늘 하시는 그 말씀이 언제 들어도 재밌었다. 먹고 자나 안 먹고 자나 아침에 자고 나면 배는 똑같이 고프긴 고플 것이었다.

오래전, 괜히 왔다 간다란 말을 남기고 입적한 스님이 있었다. 꼭 나 들으라고 한 말씀 같기도 한데. 자식 둘을 낳았다는 것, 가족을 위해 애썼다는 것, 그러다가 사십 대 후반에 남편을 잃었다는 것, 결국 자신을 위해서는 이룬 게 없다는 것, 그것이 바로 오늘의 어쩔 수 없는 나이기도 하다. 어린 날의 꿈, 기대했던 결혼 생활은 내게 허탈감을 안겨주었다. 아니, 한으로 남았다.

산 너머 어딘가에 있다는 행복을 찾아 헤맸건만…. 그래도 고생하던 그 과정이 바로 행복이었음을 요사이 깨닫게 된다. 흔해빠진 외국여행 어느 구석에도 감히 끼질 못했고, 가장으로서의 무거운 짐을 맘 놓고 부릴 사이도 없었건만, 장성한 자식들은 이제 짝을 지어 떠난다는 것이다. 머지않아 나는 다시 결혼 전처럼 혼자가 될 것이다. 그들은 날개 달고 훨훨 날아갈 것이다. 그건 한편으로 얼마나 흐뭇한 일인가. 어미로서의 나의 소임이 끝났다는 것은. 그런데 또 한편으로 기쁘지 않다. 동안의 희비애락에서 돌아와 다시 홀로 된다는 것. 어차피 이럴 거라면 애초에 결혼은 왜 했더란 말인가. 먹고 자나 안 먹고 자나 똑같을 것을 그 겨울밤 홍시는 왜 먹었단 말인가.

《탈무드》에는 여우가 사방으로 둘러싸인 포도밭의 작은 구멍을 들어가기 위해 사흘 동안 아무것도 먹지 않다가 뼈만 남았을 때 포도밭에 겨우 들어갔다는 얘기가 나온다. 그러나 며칠 간 포도를 맘껏 먹다 보니 살이 도로 쪄서 그 구멍으로 도저히 나갈 수가 없게 되었다. 여우는 어쩔 수 없이 사흘간 물 한 모금 마시지 않고 기다렸다가 뼈만 남았을 때에야 겨우 포도밭 구멍을 빠져나왔다 한다.

어린 시절 아버지의 말씀처럼 먹든 안 먹든 다음 날 아침, 배는 똑같이 고프다는 것, 그래도 먹어야 하는 것이 삶이었다. 그 배부른 밤, 나는 행복했으니까. 포도밭의 여우처럼.

《탈무드》의 여우는 바짝 마른 몸으로 포도밭을 빠져나올 때 무슨 생각을 했을까. 삶의 허탈감을 느끼지 않았을까. 그러나 포도밭을 들어가지 않았더라면, 삶이 주는 달고 신맛을, 고난 뒤엔 행복이, 달콤함 끝엔 고통이 기다린다는 것을 여우는 알기나 했을까.

지금 인생의 뒤안길에 선 내 모습은 바로 포도밭의 여우와 같지 않을까. 포도밭을 꿈꾸던 젊은 날의 꿈. 사랑과 결혼, 행복, 그리고 고난…. 너는 도대체 내게 준 게 뭐니? 나는 그 행복과 고난의 구멍을 째려본다. 들락거리기만 했지 결국 다시 혼자가 아닌가.

그렇지만 살아 있다는 건 경험하는 것. 학창시절에도 직장생활에서도 전임자나 선배들은 정말 중요한 것은 가르쳐주지 않았다. 누구나 자신을 능가할지도 모를 정보는 주지 않으려 한다. 아니 어쩌면 정말 중요한 마지막 그것은 스스로 알아내고 깨칠 수밖에 다른 방법이 없을 지도 모른다.

그 옛날 그 겨울밤, 출출했던 내게 아버지도 정말 중요한 것은 가르쳐주시지 않았다. 그저 먹고 자나 안 먹고 자나 아침엔 똑같다고 우회적으로만 말씀하셨을 뿐. 왜 먹고 싶은 것을 참아야 하는지를, 그럼에도 왜 먹게 놔두는지를.

이제 나는, 그날 밤 아버지 나이를 훌쩍 넘었다. 먹고 싶은 것을 참아낸 아침이 참지 못했던 아침보다 훨씬 아름답긴 아름다웠으리라. 하지만 그 밤, 그것을 먹어보았기에 그걸 느낄 수 있었으리.

포도밭의 여우처럼 몸소 체험하는 것이 삶이요, 끝없이 경험하고 노력하는 것, 그 자체에서 즐거움을 발견하는 게 삶일지도 모른다고….

이 륙離陸

“이제 엄마 생활을 찾으세요.”

두 아들이 이구동성으로 하는 말을 듣는 순간, 현기증이 났다. 목구멍에 울음이 걸렸다. 글쎄 내 ‘생활’이 뭐였더라. 아무리 생각해도 가정과 자식을 뺀 내 생활은 존재하지 않았다. 전업주부가 되어 삼십 년을 살다 보니 내가 곧 그들이었다. 자질구레한 집안일을 하면서 울고 웃고 살아온 것이 곧 나의 생애였다. 밖에 나간 가족들이 전해주는 하루 생활을 듣기 위해 온 종일 기다리고, 그것이면 됐지 위로받고 살았다.

이륙을 위해 비행기는 활주로를 한없이 달리고 있었다. 얼마나 달렸을까. 비행기가 가볍게 붕 뜨는가 싶더니 점차 한 단계 한 단계 높이 뜨기 시작했다. 들판이 보이고, 산봉우리가 보이고, 바다가 보이고, 온 세상이 안계眼界 아래 놓이게 되었다. 비행기는 드디어 구름 사이에 갇히고 동체는 더 이상의 동요는 없었다. 이륙, 이륙. 아, 내가 하늘로 뜨다니….

늦은 휴가를 떠나던 지난여름, 난생처음 이륙 활주를 자세히 지켜볼 수 있었다. 마침 비행기 날개 앞 창가에 앉았던 내게 아침 10시의 금빛 태양과 이륙 활주 쇼는 덤으로 받은 행운이 아닐 수 없었다. 활주로 끝을 향해 달리던 동체는 안간힘을 쓰고는 있었지만 성급하게 이륙을 시도하진 못했다. 이륙을 기다리는 사람에게 그것은 참 긴 시간이었다.

그랬다. 생각해보면 앉은 자리를 털고 일어나기란 항상 쉬운 일은 아니었던 것 같다. 이사를 가는 일, 직장을 옮기는 일, 남편과의 사별, 육친과의 별리….

정인情人과의 작별도 무척이나 힘든 일이었다. 스물네 살의 겨울, 결혼을 생각했던 오빠의 친구가 다른 여자와 결혼을 하게 되었다며 일방적으로 이별을 통보할 때 정말이지 힘들었다. 미라보 다리 아닌 광주천 다리 위에서 흘러가는 물에 몸을 던지고도 싶었다. 세상의 끝에 선 듯 그냥 콱 죽고만 싶었다. 그리고 오랫동안 그를 잊지 못했다.

이륙은 착륙 못지않게 힘든 일이라 들었다. 이륙 3분, 착륙 전 8분을 마의 11분이라고들 부른다. 이륙은 비행에서 가장 무거운 중량 상태이며 엔진도 최대 출력으로 운전된다고 한다. 젊은 날엔 내게도 훨훨 날아갈 만한 충분한 에너지가 있었을 것이다. 허나 지금의 나는 어떤가.

다시 젊은 날로 돌아갈 수 있다면…. 멋있게 한 번만 날고 싶다. 구름 위를 나는 비행기처럼. 정말이지 멋지게 날아보고 싶다. 결혼이라는 것은 한 알의 썩는 밀알이 되는 과정이었는지도 모른다. 육아에 전념하기 위해 교사생활을 접을 때 나는 이임 인사도 변변히 치르지 못했다. 울음이 목구멍에 걸려 작별인사를 할 수가 없었다. 그냥 교무실 문을 울면서 뛰쳐나온 것이 내 이임 인사였다.

지금의 내가 두 아들을 쉬이 떠나지 못하는 것은 혼자가 되기 싫어서일까. 그들의 모습이 보이지 않으면 안타깝다. 젊은 날처럼 그들에게 무언가를 해주고 싶다. 그들의 무엇이 되고 싶다. 아마도 나라는 동체는 쉽게 아들을 떠나보내지 못하는 고장 난 모성을 지닌 비행기임이 분명하다. 마치 구심력에 끌리듯 이륙을 주저하며 두 아들의 주위만 맴돌고 있으니. 내 날개는 이미 퇴화하여버린 것은 아닐까, 빠르게 더 빠르게 떠나야한다고 다짐해 보지만 그럴수록 더욱 아들들에게 곤두박질치고 있다.

이제 삼십 중반에 선 그들이 또다시 우리에 대한 집착을 버려야 한다고 외치기 전에 어서 빨리 자식들로부터 이륙을 해야 한다. 가볍게 떠야 한다. 조금씩 높이 뜨다가 아예 보이지 않는 구름 사이로 숨어야 한다. 빠르면 빠를수록 좋다.

젊은 날의 연인과 이별할 때는 그래도 젊음이 주는 '희망과 여유'라는 것이 있었을 게다. 이임 인사 대신 교무실 문을 뛰쳐나갈 때도 사실은 돌아갈 곳이 있었다. 그러나 지금 내가 슬픈 것은 이제 자식들로부터 이륙하면 착륙할 곳이 없다는 것이다. 막막하다. 다시는 착륙할 지점이 없는 이륙이란 영원한 작별 아닌가.

이륙이 아프다. 그러나 또 다른 세계를 만나는 기쁨도 있지 않을까. 영원한 자유, 착륙도 이륙도 없을 그 '자유'를 마냥 누리고도 싶다.

동그라미

우리 집에 여름이 찾아왔습니다. 장독대 둘레에 봉숭아꽃이 활짝 피고, 마당을 빙 두른 판자 울타리 밑에는 이끼와 예쁜 버섯도 돋아났습니다. 오빠들은 울타리에 크레용으로 낙서를 하고 담을 타고 기어오르기도 합니다. 나는 판자 틈으로 이웃집 마당을 구경합니다.

엄마는 매일 직장에 나갑니다. 엄마가 일 나간 사이 나에겐 봉순이 고모가 엄마 대신입니다. 나는 올해 다섯 살이나 되었지만, 고모는 내가 밖으로 못 나가게 주로 업고 있습니다. 나를 업고 좁은 부엌에서 마당 장독대까지 바삐 들락거리지요. 내 머리는 부엌 천장에 늘 부딪힙니다. 아프다고 우는 나를 고모는 엄마 몰래 때리면서 조용히 하라고 합니다.

고모는 장독에서 간장이랑 된장을 푸고 난 후, 곧잘 뜰에서 자라는 푸성귀를 뜯어 반찬을 만들곤 합니다. 고모가 앉아서 채소를 뜯을 때면 등에 업힌 나는 무척이나 불편합니다. 그런 나를 아랑곳하지도 않고, 고모는 자기 할 일만 묵묵히 할 뿐이죠. 장독대를 드나들 때마다 고모는 엉덩이를 유난히 많이 흔들곤 하는데, 우리 엄마는 그게 고모의 매력이래요. 매력은 참 좋은 것인가 봐요. 내가 보기에도 고모는 얼굴이 검고 입이 많이 튀어나와서 예쁜 얼굴은 아닌 것 같거든요.

생각해보니 고모가 웃는 모습을 별로 본 일이 없었던 것 같아요. 하긴, 웃을 일이 뭐가 있겠어요. 그런데 그런 고모가 웃을 일이 생겼나 봐요. 규필이 아저씨가 집에 오면서부터 고모는 기분이 좋아졌어요. 갑자기 내 입에 눈깔사탕을 물리고 "우리 경주 착하다."고 쓰다듬으며 엉덩이를 토닥거리기도 하지요. 아저씨 앞에서 고모는 얼굴이 빨개지고 튀어나온 입을 가만히 가리며 웃기도 해요.

참, 규필이 아저씨가 누구냐고요? 아버지 말로는 규필이 아저씨는 제 당숙뻘이래요. 아저씨는 얼굴도 잘생기고 키도 훌쩍 커서 다들 영화배우 같다고 그러던데요. 도시에서 취직자리를 구해보려고 우리 집에 묵는 것이래요. 사실 봉순이 고모는 우리 집에서 엄마 일을 거들고 있어요. 고모가 처음 우리 집에 온 날, 엄마가 그냥 '고모'라고 부르라고 해서 그렇게 불러요.

봉순이 고모는 규필이 아저씨 밥상을 잘 차려 내 오곤 하지요. 내가 좋아하는 갈치도 굽고, 계란찜에 돼지고기 같은 맛있는 것들이 밥상에 가득하거든요. 엄마는 그런 상을 볼 때면 놀라워하지요.

"상이 참 거네, 그래."

"아줌니도 참, 그냥 있는 것 차렸구만 왜 그런다요."

그런 말할 때, 봉순이 고모는 귓불이 붉을 대로 붉어서 담 밑에 핀 봉숭아가 따로 없죠. 아저씨가 밥을 먹고 숭늉까지 마시고 나면 고모는 나를 업은 채 상을 내가지요. 고모가 상을 들면 업힌 나는 뒤로 떨어질 것 같답니다.

밤이 이슥하면 고모는 나를 안방에 누이고 쓰레기를 버리러 나가지요. 그러면 아저씨도 바깥바람을 쐬겠다면서 고모 대신 쓰레기 궤짝을 훌쩍 들고 앞서 가는 거예요. 고모는 빈손을 마주 잡고 아저씨를 따라가지요. 그런 날은 엉덩이도 흔들지 않고 얌전하게 걸어요.

그렇게 한참이 흘렀지요. 우리 집에 머물던 규필이 아저씨가 다시 시골로 떠나게 되었어요. 취직자리를 구하지 못했나 봐요.

아저씨가 시골로 간 뒤 고모는 우체부 아저씨를 몹시 기다렸어요. 아저씨가 떠나고 일주일쯤 지났을까요. 대문 밖에서 무언가 휙 던지는 소리가 나자 고모는 나를 업은 채 허겁지겁 대문 앞으로 뛰어갔지요. 아무튼 고모는 뒤에 업힌 사람은 정말 생각하지 않는 것 같아요.

"고모, 편지다!"

내 말이 끝나기도 전에 고모는 편지를 땅에서 집더니 슬그머니 뒤로 감추었어요. 그리고 업힌 나를 평상에 내려놓고 새빨개진 얼굴로 부엌으로 들어갔지요. 고모가 몰래 편지를 읽은 다음 어디에 숨겨두는지 나는 다 알고 있어요. 고모 방에 있는 옷 보따리 속이죠. 고모는 소중한 물건들은 거기에 넣어두지요. 그 뒤로도 제법 많은 편지가 왔고 고모는 그때마다 흥분된 얼굴로 편지를 감추는 거예요.

그 후, 장독대의 봉숭아가 몇 번을 더 피고 졌어요. 나는 초등학생이 되었지요. 그러던 어느 날 규필이 아저씨가 우리 집에 찾아왔어요. 기억은 잘 나지 않지만 아주 오랜만이었던 것 같아요. 피부가 검게 타 있었어요. 시골서 농사를 짓는다고 했어요. 봉순이 고모는 아저씨를 보고 팔짝 뛸 듯이 좋아했답니다. 얼마 후, 두 분은 우리 집 장독대 앞뜰에서 혼례식을 올렸어요. 손님들도 꽤 많이 왔지요. 마당에 화문석을 깔고 족두리를 쓴 고모는 그날 연지 곤지도 찍었습니다. 참 즐거운 날이었어요. 신방은 우리 집 사랑에 차렸고요.

첫날밤을 지낸 후, 고모는 짐을 꾸렸어요. 옷 보따리를 열자 쌓인 편지가 정말로 많데요. 고모는 그날 나에게 엿도 주고, 비과라는 우유 냄새나는 과자도 주면서, "경주야, 경주야…." 내 이름만 자꾸 부를 뿐 말을 잇지 못했어요. 나는 갑자기 보따리 안에 있는 편지가 궁금했어요. 고모가 잠깐 부엌으로 간 사이 나는 편지 하나를 얼른 열어보았어요. 그런데 참 이상했어요. 봉투 안에 접힌 누르스름한 종이에는 연필로 동그라미 하나만 달랑 그려져 있는 것이었어요. 다른 편지에도 또 다른 편지에도 동그라미만 있었어요. 어떤 편지에는 동그라미가 다섯 개나 그려져 있는 것 아니겠어요.

지금 내 나이 이순에 이르러서도, 그날 밤 아버지와 엄마가 주고받았던 말을 잊을 수가 없습니다.

"어이, 갸들이 서로 좋아했는갑서?"

"아재가 그래서 취직 핑계로 우리 집에 자꾸 온 것 아니겄어요."

엄마는 계속 말을 이었다.

"규필이 아재가 촌에 가서도 사흘이 멀다 하고 편지를 보내고 안 그랬다요."

"편지를?"

"편지가 보따리로 하난 갑대요."

"어허, 참말로 이상허시. 규필이는 글 모르는디. 봉순이도 글 모르고."

외면 外面

맏아들은 나를 곧잘 외면한다. 집에 같이 있을 때는 제법 살갑게 굴던 애가 밖으로 나가면 무뚝뚝해진다. 같이 걸어도 저만치 떨어져 걷고, 버스를 타도 별 얘길 나누지 않고 저 혼자 멀찌감치 선다. 나는 그것이 아무렇게나 차려입은 내 옷차림 때문이 아닌가 생각했지만, 옷을 반듯하게 입은 날에도 나를 반기지 않는 것으로 보아 아마도 장성한 아들은 어머니와 함께 있다는 자체가 편치 않은 듯싶다.

그런 아들이 전공의 시절에 신대방역에 있는 종합병원으로 파견을 나갔다. 한 달에 한 번쯤 집에 겨우 오는 아들을 만나러 옷가지며 먹을 것들을 챙겨 가끔 병원에 들르곤 했다. 내가 병원을 찾던 시간은 대개 남의 눈에 잘 띄지 않는 이슥한 밤이거나 휴일 아침 이른 시간이었다. 그 병원은 우리 집에서는 멀리 있었기에 지하철로는 세 번을 갈아타거나 버스를 타면 내려서 오래 걸어야 했다. 무거운 짐을 챙겨 들고 가면서도 아들을 만나리라 생각하면 정말 힘들지 않았다.

우리는 주로 병원 3층 외래 대기실에서 만나곤 했다. 간혹 당직을 서는 의사들이 슬리퍼를 끌며 왕래하고 야간 경비원들은 대기실 의자에 몸을 기대고 앉아 있는 나를 흘긋거리기도 했다. 아들은 먹을 것과 옷가지를 받기만 하고 늘 말없이 돌아서곤 하지만 그런 기다림 끝에 그 아이를 만나면 잠깐이지만 나는 행복했다.

그날 밤은 짐이 좀 많았다. 쇼핑백과 옷 보따리 두 개. 겨울옷 몇 가지에 음식까지 챙기다 보니 부피가 꽤 커졌다. 병원에 도착하니 밤 9시가 넘었다. 겨울밤, 아무도 없는 외래 대기실 안은 스산하기까지 했다. 한 시간을 꼬박 기다렸는데도 아들은 나타나지 않았다. 휴대폰으로 문자도 여러 번 보냈건만.

이제나 저제나 아들을 기다리며 컴컴한 외래 의자 사이에 숨듯 앉아 있는데 갑자기 낯선 경비원 한 명이 내게 다가왔다.

"이봐요. 누구 만나러 오셨어요?"

"…."

"왜 여기 계시느냐고요?"

"…."

"이 아주머니가! 내 말 안 들려요?"

경비원의 목소리는 자꾸 커지고 나는 더욱 더 말문이 막혀 버렸다. 누군가를 만나러 왔다고 하면 아들 이름을 말해야 하고, 안 대자니 거기 앉아 있을 이유가 없었다. 이름을 대면 아들 체면은 뭐가 될까. 내 이 옷 입은 꼬락서니라니. 아들은 이 병원에 파견을 나온 전공의일 뿐인데, 더구나 그 아이는 남들 앞에서는 나를 자주 외면하곤 하지 않던가.

그 사람은 손에 든 무전기 같은 것으로 누군가와 교신을 하더니 날 다짜고짜 일 층으로 데리고 갔다. 나는 아들에게 전해 줄 보따리를 꼭 붙들고 따라갔다. 아래층 원무과 앞은 너저분하게 어질러져 있었고 자판기 옆에는 마시다 만 커피가 조금씩 남은 종이컵도 꽤 여러 개가 뒹굴고 있었다. 나는 생수통 옆에 있는 의자에 버려지듯 앉았다.

잠시 뒤 다른 경비원 두 명이 내 옆으로 성큼성큼 다가왔다. 세 명의 경비원들이 주고받는 얘기를 듣자니 저녁에 어떤 여자 도둑이 들었다는 것이다. 그 여자가 외래 진료실에 있는 의료기기를 훔쳐갔다고 했다. 도둑이라니. 난 그저 벌벌 떨었다. 도둑으로 의심받는 것도 창피한데 더구나 이곳은 아들의 근무지가 아닌가. 그저 암담했다. 어떻게든 풀려나야 하는데…. 아들이 이런 날 보면 얼마나 부끄러워할까. 아들에게 절대 들켜서는 안 된다.

"이 여자가 왜 여기 왔는지 말을 통 안 해요."

"이 여자 놓치지 마."

그 순간, 바깥 경비실에서 연락이 왔다. 도둑이 잡혔다는 것이다. 잠깐 머쓱한 침묵이 흘렀다.

바로 그때,

"엄마!"

수술복을 입은 아들이 저만치에서 빠르게 걸어오고 있었다. 나는 왈칵 눈물이 솟았다.

나를 에워싸고 있던 세 명의 사내들이 난감한 표정을 짓더니 순식간에 흩어졌다. 3층에서부터 나를 끌고 왔던 그 경비원은 정중하게 고개를 거듭 숙이며 사라졌다.

"무슨 일이에요?"

아들은 내 손을 꽉 잡고 주변을 두리번거리며 눈을 부라렸다.

"아무 일도 아니어야."

나는 아들을 외면한 채 무릎 위 보따리만 내려다보았다.

곗날

집구석에 박혀만 산다고 푸념하는 엄마. 엄마에게 곗날은 속박의 한 달에서 벗어나는 돌파구였을 것이다. 엄마는 '고독'에 대한 얘기로 아버지와 자주 다투었다. 고독이 무엇일까? 나도 한 남자를 만나 사랑하고, 그와의 관계가 조금씩 소원疏遠해지면서 비로소 느낄 수 있었다.

엄마의 외출은 한 달에 한 번 있는 여학교 동창생 계 모임뿐이었다. 아끼던 한복을 다려 벽에 있는 못에 걸면 영락없이 그 다음 날이 곗날이다. 아버지가 사준 빨갛고 작은 경대 앞에서 곱게 화장을 하고 머리를 높게 틀어 올려 핀을 꽂은 뒤 겨드랑이와 귀밑에 향수를 뿌리고 저고리 소매 끝에 꽃무늬 손수건을 살짝 밀어 넣으면, 나는 얼른 엄마의 흰 고무신을 댓돌 위에 놓았다. 엄마는 참 고왔다.

사실 나는 곗날이 싫었다. 엄마가 없으면 심심하기 때문이었다. 강아지와 놀거나 줄넘기를 하는 것도 금방 싫증이 났다. 평상 밑에 감춰둔 공깃돌을 꺼내 공중으로 던져보기도 하지만 그것마저도 잠시일 뿐. 그렇게 심심한 몇 시간을 보내고 나면 점심때 나간 엄마가 돌아왔다. 엄마는 빈손으로 돌아오는 법이 없었다. 늘 중국집에서 계 모임을 하던 엄마는 모임이 끝나면 남은 탕수육을 싸다 우리에게 주었다. 탕수육을 담은 나무 도시락(종잇장같이 얇은 나무로 만든 일회용 도시락)을 꽃무늬 손수건에 싸 들고 돌아오는 엄마의 모습은 풀이 죽어 있었다.

"어서 묵어라, 느그들 생각나서 목구멍에 안 넘어가드라."

오빠들과 나는 엄마가 싸온 탕수육을 게 눈 감추듯 먹어치웠다. 그걸 보면서 엄마는 쯧쯧, 쯧쯧, 혀를 차고 또 찼다.

"영심이는 양품점에서 양장 한 벌 떡하니 빼입었습디다. 장딴지는 도구통(절구)만 해갖고 삐딱구두까지 신고 참말로 볼만 하드만. 누런 금패물을 주렁주렁 달고 댕김서 서방 자랑을 입이 닳아지게 허든디 누군 서방 없나, 자식 없나. 학교 댕길때 공부는 징허게도 못허든 것이 서방 잘 만나 떵떵거리고 사니께 뵈는 게 없나…."

그날 저녁 엄마는 신고 있던 버선을 벗어 털며 아버지를 향해 푸념을 했다. 서방 잘 만난 영심이 아줌마 때문인지 퇴근한 아버지는 계속 잠만 잤다.

어느 여름날. 계 모임에서 돌아오는 엄마를 보자 오빠들과 나는 골목에서 놀다가 헉헉 집으로 뛰어왔다. 그날은 이상하게 엄마 손에 들려 있을 나무 도시락이 없었다. 우리는 눈을 동그랗게 떴다. 우리를 보자 엄마는 갑자기 마루에 털썩 주저앉아 우는 것이었다.

"아고 아고, 나쁜 여펀네 같으니라고. 아고, 내 새끼들 불쌍해서."

그날도 엄마는 식당에서 나무 도시락을 얻어 엄마 몫으로 덜어낸 탕수육을 남은 음식들과 함께 담고 있었다. 그것을 본 영심이 아줌마도 똑같이 나무 도시락을 얻어 와 엄마처럼 남은 탕수육을 다투어 담았다.

"우리 집 개 갖다 줘야지이."

영심이 아줌마가 이렇게 말하자 엄마는 부끄럽고 속이 상해 도시락에 더 이상 음식을 담을 수가 없었단다. 담던 음식마저 그냥 영심이 아줌마에게 주어버렸다고 했다.

"나쁜 것, 내가 새끼들 갖다 주는지 뻔히 알면서…."

엄마는 마구 울었다. 아마도 엄마는 가져오지 못한 도시락 생각에 더 크게 울었던 것 같다. 그날 밤 아버지는 엄마를 위로해주었다.

"이달에 강사료 나오면 당신도 충장로 아라모드 양행에 가서 양장 한 벌 사야지?"

엄마는 좋은지 방그레 웃었다. 오빠들과 나는 짜장면, 짜장면 하고 연신 소리를 질렀다.

벌새 크리킨디 이야기

숲이 타고 있었습니다. 숲 속의 동물들은 앞다투어 도망을 갔습니다. 그런데 '크리킨디' 라는 이름의 벌새만은 부리에 물을 한 방울씩 담아 와서는 왔다갔다 산불 위에 떨어뜨리길 반복했습니다.

동물들이 그 광경을 보고

"그런 일을 해서 도대체 뭐가 된다는 거야?"

라고 말하며 비웃었습니다.

크리킨디는 이렇게 대답했습니다.

"나는 내가 할 수 있는 일을 하는 것뿐이야."

이것은 남아프리카의 원주민들에게 전해지는 이야기입니다.

십사 년 전, 나는 벌새 크리킨디 같은 일을 매일 반복했습니다

다. 남편의 배는 하루하루 복수로 차오르는 것이었습니다. 나는 민간요법이며 자연요법이 쓰인 많은 책을 닥치는 대로 읽었습니다. 주로 서점 안에서 비스듬히 서서 힘들게 책을 섭렵했습니다. 그 많은 책들을 살 수가 없었기 때문입니다.

어떤 책에선가 배에 헝겊을 대고 된장을 바르면 복수가 더디게 찬다는 것을 읽게 되었습니다. 그 일을 행하는 것이 쉬운 일은 물론 아니었습니다. 배꼽에 명함 크기의 두꺼운 종이를 댔습니다. 배꼽에는 된장의 짠물이 들어가면 아니 되기 때문입니다. 그다음 순서는 무명 헝겊을 배 전체에 올리는 것이었습니다. 그 헝겊 위에 된장을 5밀리미터 두께로 펴 바르고 그 위에는 비닐을 알맞게 잘라 붙이고, 마지막으로 더운 찜질팩을 올렸습니다. 그런 식으로 두 시간씩 매일 오전과 오후, 두 차례 찜질하면 하루가 지났습니다.

그의 생명이 된장 찜질로 조금이라도 연장되었는지 알 길은 없지만, 그를 위해 그런 일이라도 할 수 있다는 것이 당시 나에겐 참 위안이 되었습니다. 된장을 붙여도 사흘에 한 번은 주삿바늘로 복수를 꼭 빼내야 했습니다. 어떻든 남편은 병상의 마지막 순간까지 된장을 배에 붙인 채 떠났습니다.

그때 의사나 가족들은 모두 나를 비웃었습니다.

"그런 일을 해서 도대체 뭐가 된다는 거야?"

나는 마음속으로 크리킨디와 똑같은 대답을 했습니다.

'나는 내가 할 수 있는 일을 하는 것뿐이야.'

벌새 크리킨디 이야기가 새삼 특별하게 느껴지는 것은 그 옛날 남편의 배에 된장을 붙이던 나의 모습과 흡사하기 때문입니다.

요즘도 실낱같은 희망조차 보이지 않을 때가 가끔 있습니다. 그때마다 성과에 연연하지 않고 온 힘을 다하던 그 시절이 떠오르곤 합니다.

배웅

2

죄와 벌

"그때 그래서 벌을 받은 게야."

집에서 기르던 개가 죽을 때마다 아버지는 탄식을 했다.

내가 태어나기도 전에 우리 가족은 광주 계림동에서 살았다. 한국전쟁이 터지자 아버지는 어머니와 두 오빠를 데리고 황급히 피란길에 올랐다. 찐찐이만 홀로 남겨졌다.

석 달이 넘는 피란살이를 접고 다시 집으로 돌아왔을 때였다. 죽은 줄로만 알고 있었던 우리 찐찐이는 뼈만 앙상히 남은 채 마루 밑에 숨어 집을 지키고 있었던 것이다. 무얼 주워 먹고 지냈는지 물어볼 수도 없는 일. 급한 대로 밥을 끓여 먹였다. 그러자 죽어가던 찐찐이가 다시 기력을 찾기 시작했다. 몇 달 후 찐찐이는 완전히 건강을 회복했다.

당시 아버지는 전쟁 중에 얻은 병이 점점 위중해지더니 나중에는 각혈까지 하게 되었다. 약은 없고 병은 나날이 깊어갔다. 당시 고등학교 교사였던 아버지는 야간 수업까지 도맡아 하며 가족의 생계를 꾸려나가야 했다.

어느 날 직장에서 배급으로 준 쌀 반 가마를 반가운 마음에 아픈 몸으로 쉬지도 않고 지고 왔다고 했다. 시장도 제대로 없었고 생필품도 부족해서 돈이 있어도 원하는 것을 쉽게 얻을 수 있는 시절이 아니었다. 먹을 것이 없는 게 문제였지만 무엇보다 아버지의 약값이 없는 것이 더 큰 문제였다. '스트렙토마이신' 만 있어도 아버지의 병은 고칠 수 있는데 그걸 살 돈이 없었다.

어머니는 미용기술을 익혀 동네 아낙들의 머리를 손질하기도 했고 장롱 속의 옷가지를 내다 팔았지만 그것으로는 입에 풀칠하는 것이 고작이었다.

그러던 어느 날, 지나가던 개장수가 집으로 들어와 어머니에게 흥정을 걸었다.

"저 개 파실라요?"

"아이고, 안 돼요."

"넉넉히 값을 치르리다."

"글쎄, 안 된다니까요."

개장수는 다음 날도 와서 어머니를 졸랐다.

"저 개 파시오, 아줌니."

"…"

"돈 넉넉히 줘도 안 되것소?"

"…."

그렇게 또 며칠이 지났다. 안 올 줄 알았던 개장수는 다시 나타났다.

"아줌니. 생각해보셨소?"

"얼마…얼마…주실래요?"

개장수는 대답 대신 전대에서 현금을 꺼내들었다. 값을 치르자마자 개장수는 찐찐이를 묶었다. 잠자코 묶이던 찐찐의 눈에 눈물이 맺혔다. 엄마도 울고 아빠도 울었다.

찐찐이를 판 돈으로 어머니는 스트렙토마이신 몇 병을 어렵게 구했다. 그 후 아버지의 각혈은 좋아지기 시작했다. 찐찐이의 희생 덕이었다.

이후, 집에서 길렀던 모든 개들에게 아버지는 모조리 '찐찐' 이라는 이름을 붙여주었다. 마치 찐찐이를 다시 찾아오기나 한 듯이. 그러나 우리 집에서는 개가 되지 않았다. 얼마 가지 않아 죽거나 집을 나가곤 했던 것이다. 그것이 찐찐이를 판 데 대한 벌이라고 아버지는 생각했다. 가난이 무죄라 해도, 가난으로 해서 진 죄마저 무죄가 되는 건 아닌 모양이었다.

그 일이 있은 후부터 무슨 좋지 않은 일이 생길 때마다 아버지는 혼자 되뇌곤 했다.

"그때 그래서 벌을 받은 게야."

"큰 죄를 지은 게야. 우리가."

"전쟁통에 우리 집을 지키던 개였는데…."

염廉 씨

염廉 씨와 결혼하지 않은 것은 그의 외모가 별로 맘에 들지 않아서였다. 첫선, 삐쩍 마른 외모에 비해 깜냥은 제법이라던 그 사람. 식구들은 이구동성으로 내 혼처로는 염 씨가 딱이랬다. 엄마가 매일 밤 나를 설득했다.

"궁합이 그만이드라."

"그까짓 궁합이 뭔 소용이다요. 사람이 좋아야제."

"아, 의사먼 됐제. 공부도 잘했다는디."

"매너가 꽝이었어. 밥 먹고 나서 물로 오글오글 입 헹구고. 택시 잡드니 지가 먼저 타드랑게."

"아따 촌에서 살아서 그라제. 낫살 들먼 괜찮해야."

그러다 그와의 혼담은 없는 듯 잊혔다. 뒷이야기에 의하면 그는 내과의사로 성공해 돈을 매일 한 가마니씩 번다고 했다.

엄마는 결혼 후 내가 형편이 어려워 돈을 빌리러 갈 때마다,

"내 말 듣고 그 염 씨한테 갔으면 얼마나 좋았겄냐. 나도 좋고, 너도 좋고…."

"뭔 근다고 좋다요."

"염 씨가 돈 벌어서 살도 찌고, 좋은 일도 많이 헌다드라. 나가 혈압도 높은디 사우(사위)가 의사면 얼마나 좋았쓰까. 치료비도 안 들었쓰 꺼인디."

"피이이. 그까짓 치료비 땜시로."

입은 삐죽했지만, 돈이 한 가마니면 도대체 얼마나 된다는 거야. 나는 마른 입술을 빨았다. 놓친 고기가 더 커 보인다더니 아무리 생각해도 정말 아깝긴 아까웠다.

삼십 년의 세월이 흘렀다. 얼마 전, 친구네 혼사에 갔다가 우연히 그의 소식을 들었다. 그의 병원은 진작 문을 닫았고, 이혼 후 그의 아내와 자식들은 미국으로 떠나버렸다 했다. 그리고 그의 행방은 아무도 알지 못했다.

못 가 본 길도 알고 보니 그저 그런 길이었다.

걸乞

국화꽃이 남편의 사진을 감싸고 있었다. 곡하는 소리, 교우들의 연도煙禱 소리는 슬프게 이어지고…. 성가는 애달피 향불과 함께 피어올랐다.

두 아들은 검은 양복을 입고 고개를 푹 숙인 채 어깨를 들먹거렸다. 주먹으로 눈물을 훔치며. 스물둘, 열아홉의 상주였다. 지난밤, 임종을 지키느라 밤샘을 한 그들이었다.

쯧쯧. 손님들은 상주喪主를 얼싸안았다. 힘을 내라고 토닥였다. 홀로 남은 어머니를 잘 모셔야지, 라고 했다. 두 아들들은 고개를 끄덕일 뿐 말을 잇지 못했다.

떠난 자와 남은 자. 망자의 사진 앞. 향불 사르기와 두 번의 절, 그리고 맞절. 밤이 되자 영안식장은 한층 붐비었다.

입구에 줄을 서 문상객들은 너나없이 봉투를 꺼냈다. 몇 몇 조문객들은 내게 다가와 살짝 조의금을 디밀었다. 액수가 좀…, 분실할지도 몰라 직접 드립니다, 애들 학비입니다, 꼭 받으셔야겠습니다, 열심히 살아야 해요, 등등…. 내 손에도 제법 봉투가 쥐어졌다. 그들의 충정이었다. 위로해줄 게 돈밖에 없을 것이었다. 그 돈을 나는 손에 쥐고 있었다. 혼자 살려면 돈이 힘이에요. 모두들 돈, 돈, 돈 걱정을 했다. 남편은 나를 멀거니 바라보고 있었다. 그래 받아, 돈이 필요하지, 남편이 그렇게 말하는 것 같았다.

접수를 보던 시동생이 내게 다가왔다. 받은 조의금 봉투들을 주라고 했다. 명단을 낱낱이 기록해야 한다면서…. 할 수 없이 봉투를 넘겼다.

다음 날도 아침부터 자식들은 또 그 자리에 섰다. 손님들의 조의금 봉투는 또 쌓여갔다. 전날처럼 비밀로 주는 봉투도 많았다. 그날은 시동생을 의식해 재빠르게 감추었다.

장례를 마치고 조의금을 세어보았다. 내게는 제법 큰돈이었다. 지친 두 아들을 데리고 집 근처 식당으로 갔다.

"많이 묵어라아. 사람은 누구나 다 죽는 벱이여."

앞에 앉은 두 아들의 갈비탕에 나는 밥을 두 공기씩 말아주었다.

그날이 언젠가. 백화점 앞 지하도 계단을 서둘러 올라가는데 아기를 업은 걸인이 바닥에 납작 엎드려 있었다. 두 손바닥을 위로 추켜 올린 채. 앞에 놓인 바구니에는 동전 몇 개뿐,

등에 업힌 아기는 칭얼대고 있었다.

한참 뒤, 동창회를 마치고 다시 그 계단을 지나가게 되었다. 구걸하던 여인은 순두부백반을 배달시킨 듯 마침 돌아앉아 먹고 있는 중이었다. 등에 업힌 아기에게도 후후 불어가며 연신 먹이고 있었다.

영정사진

군대에서 휴가 나온 작은애가 사무실에 있던 자기 사진을 가져 왔다. 군복 입은 사진을 꺼내 냉장고에 턱하니 붙이면서 중얼거리는 말이, "이건 나 죽으면 영정사진이다."라고 하지 않는가. 군복을 입고 반듯하게 앉아 미소 짓고 있는 아들의 모습이다. 불길하기도 한 그 말을 듣고 다시 그 사진을 들여다보니 어찌나 기분이 언짢은지 나는 아들의 등을 세게 때려 주었다.

"그 말 당장 취소 못해!"

화를 냈더니 그 앤 웃으면서

"꼭 영정사진 같잖아. 그렇잖아요?"

하면서 넉살을 부렸다.

오래전에도 비슷한 일이 있었다. 큰아이의 유치원 졸업사진이 의젓해 보여서 액자에 담아 벽에 걸어 두었더니 어느 날 남편이 말없이 그것을 떼어 버렸다. 의아해하는 내게 남편은 "몰라. 기분 나빠서." 라는 말을 했을 뿐이다. 그때 나는 그 말의 속뜻을 짐작하고 다시는 그 사진을 벽에 붙이지 않았다.

어제 지인의 장례식에서 영정사진을 보았다. 요즘엔 꼭 정색한 사진이 아니고 카메라로 찍은 웃는 모습의 영정사진도 눈에 띄곤 한다. 친지들의 문상을 갈 때마다, 난 영안실에 놓인 국화꽃 속의 영정사진을 주의 깊게 살펴본다. 돌아가신 분은 과연 이 사진을 찍으면서 이것이 자신의 영정사진이 되리라는 사실을 예감하였을까.

대부분의 사람들은 미처 그것을 의식하지 못한 채 찍었을 것임에 틀림없다. 죽음은 갑작스레 찾아오기 때문이고, 만일 죽음이 예고된 환자가 있다 하더라도 그에게 영정사진을 찍자고 말할 사람은 드물 것이기 때문이다.

그러나 연로하신 분들 중에는 자신의 영정사진을 미리 찍어 간직하는 분들도 더러 있는 것 같다. 오래전, 나의 친정 부모님은 회갑을 넘기신 어느 날 영정사진을 찍고 돌아오셨는데, 그 날 난 몹시도 슬프게 울었다. 그 때 어머니께서는 이걸 찍어 두면 오히려 오래 살게 될 것이라고 나를 위로하셨다. 두 분은 준비해 둔 영정사진을 액자에 넣어 두고 가끔씩 들여다보며 쓸쓸해하시곤 했다. 아마도 죽음 뒤에 자신들을 대신해 줄 그 사진에 대해서 애착과 연민을 느끼고 계셨던 것으로 생각된다.

이제 그날의 두 분은 모두 떠나가시고 세월도 흘러갔지만, 두 분의 그 사진들은 남아서 그날의 그 모습을 생생히 떠오르게 한다. 해마다 돌아오는 제삿날, 두 분의 영정사진은 상의 맨 위쪽에 앉아 우리가 드리는 술잔과 재배를 받으신다. 결국 두 분은 생전의 자취를 영정사진으로 남기신 채, 우리들의 오늘을 만드시고 영원히 떠나셨다.

나도 가끔씩은 죽음을 생각해 본다. 그리고 나의 영면 뒤, 어떤 사진이 나를 대신해 줄 것인가에 대해 호기심이 전혀 없지 않다. 그러나 아직은 내 죽음을 받아들이기엔 이른 것 같기도 하고 설혹 바쁜 일상 속에 사는 두 아들을 놓고 심각하게,

"내 영정사진을 결정하자!"

고 말한다면, 아마도 두 아들은 이제 할일이 없으니 별 소릴 다 하면서 관심을 끈다고 생각하며 내 말을 귀담아 듣지 않을 것이다.

물론 내가 장수를 누리게 된다면 나도 아마 영정사진을 찍어 놓고 가끔씩 들여다보며 눈물을 찔끔찔끔 짜면서 아들들의 시선을 모아 보기도 하겠지만, 만약에 지금 당장 죽음이 찾아올 것을 가정한다면 두 아들이 허둥대지 않게 영정사진이 될 만한 것을 찾아 두어야만 될 것 같아서 제법 요염한 사진 하나를 골라 앨범의 맨 첫 장에 꽂아 두었다. 컴퓨터 안에도 파일로 저장해 두었다.

나의 남편이 50대 초반의 나이로 운명하기 하루 전, 나는

아무래도 병상에 누운 그에게 마지막이 온 것 같아서 영정사진을 준비해야겠다는 생각을 했다. 경대 서랍을 뒤져보니 그의 여권 사진이 여러 장 있었다. 그중 마음에 드는 사진을 고르고 보니 40대 초반에 찍은 사진이었다. 사람의 죽음 앞에서도 기왕이면 좀 더 젊고 멋진 사진을 고르고 싶은 심리는 무슨 아이러니일까. 나는 그 사진을 사진관에 의뢰하여 영정사진으로 만들어 줄 것을 청했다. 그 예감은 정확했다. 그는 그날 밤을 끝으로 돌아올 수 없는 길을 떠나게 되었다. 예전의 따뜻한 모습 대신 그는 한 장의 영정사진이 되어 내 앞에 나타났다. 줄무늬 넥타이와 흰 셔츠, 감색 양복, 그 시절 즐겨 입던 복장이었다. 사진을 찍는 날 아침, 드라이기를 가지고 머리 손질을 하던 그 앞에서 나는 "나무 양푼이 쇠 양푼 되나?" 하고 놀려 주었던 기억이 났다. 마음이 쓰라렸다. 그 기억은 곧 아픔이었고 결국은 잊어야 할 추억이 되었다. 아니 결코 잊을 수 없는 추억이 되었다. 나는 장례 기간 동안 그 사진 앞에서 울음을 삭이며 서 있었다.

그러나 세월이 흐르면서 나는 그의 영정사진을 장롱 속 깊이 감추게 되었다. 아직 남편을 잃기에는 젊은 나이여서 그 영정사진을 버젓이 걸어 두자면 들고나는 객들의 눈에 띄기 때문이었다. 언젠가부터 그의 영정사진과 나는 공식적인 행사인 제삿날과 설날, 추석날만 상봉하게 되었다. 제삿날과 명절날이 오면 그는 답답한 장롱 속에서 내가 정성스럽게 차린 제상祭床 앞에 나와 앉아 나를 만난다. 그럴 때마다 그는 견우가 되고 나는 직녀가 된다. 그의 사진은 결코 우는 법이 없지만 나는 다르다. 살아있기 때문일까. 오랜만의 만남, 그것은 설렘이며 반가움이다. 그러나 문제가 생긴 것을 나는 요즘 깨닫게 되었다. 내 나이 지금 50대, 그의 사진의 나이는 40대 초반이다. 나는 연하의 남자인 그 앞에서 다소 수줍어진다. 이제 세월이 갈수록 나이의 격차는 점점 크게 벌어질 터인데 이 일을 어떻게 할까.

만약에 내가 장수를 하다 영면하게 된다면 아마도 나의 두 아들은 잠시 고민하게 될 것만 같다. 젊은 아버지의 사진 옆에 노파의 사진을 놓아둘 것인지 아니면 아버지의 사진에 걸맞은 젊은 어머니의 사진을 놓아둘 것인지 그들은 색다른 고민에 빠질 것 같다. 젊은 여인의 사진을 어머니로 삼자니 늙은 어머니와 쌓아온 그간의 정이 언뜻 멀어질 것 같은 느낌이 들 테고, 젊은 아버지 옆에 노파를 놓아두자니 어울리지 않는 짝이라는 것쯤 그들도 이미 알 것이리라.

곧, 남편의 기일이 돌아온다. 이제, 나를 만나러 나올 연하의 남자를 맞이하기 위해 나는 올해도 예쁘게 단장해 보아야겠다. 장롱 속의 40대 초반의 남자가 나를 기다리고 있다. 아무래도 두 아들이 내 영정사진은 30대 후반의 것으로 마련해 주었으면 한다. 죽어서라도 신방을 차린다면 너무 젊은 남자와는 좀 그럴 것 같으니 말이다.

배웅

언제 끝날 것인가. 고통에 절은 아버지가 늘 혼잣말처럼 중얼거리던 말씀이다. 싸늘한 겨울바람 속에서 아버지를 마지막으로 배웅하고 돌아오던 날, 영원한 별리의 아픔은 가슴을 도려내는 듯했다.

일생 병약했던 아버지가 미수米壽까지 살다 가신 것은 우리 가족에겐 뜻밖의 행운이었다. 그러나 당신에게 그 세월은 차마 견디기 힘든 시간이었을 것이다. 돌아가시기 전 마지막 다섯 해 동안 산소 호흡기에 달린 반경 십 미터 정도의 줄에 끌려 다닌 삶은 얼마나 답답하고 괴로운 것이었을까. 그것은 결말이 뻔한 마지막 장면이 너무 길어져 버린 소설처럼 아버지에게도 우리 삼남매에게도 힘들고 괴로운 시간이었다.

아버지의 무릎에서 놀던 어린 시절부터 집에 손님이 다녀가시면 당신은 나를 데리고 대문 앞까지 꼭 배웅을 나가셨다. 그것을 귀찮아 하면 그렇게 해야 정다워지는 것이라고 늘 말씀하셨다. 아마도 아버지는 사람과 사람 사이의 정을 배웅하는 작은 정성에서 찾았던 것 같다. 젊은 시절, 아버지의 마중과 배웅은 때로 나에 대한 집착으로 느껴지기도 했다.

미혼 시절이었다. 나는 광주에서 교편을 잡고 있었는데 아버지는 그때도 지독한 병마와 싸우고 계셨다. 그런 와중에도 당신은 늘 지팡이에 몸을 기댄 채 골목 밖까지 나를 배웅하셨다. 아버지의 기다림은 저녁 무렵, 퇴근길의 마중으로 이어지곤 했다. 그래서 나는 언제나 퇴근 후의 시간을 마음껏 즐길 수 없었다. 이따금씩 이성과의 데이트가 있던 날은 더욱 그랬다. 그 땐 데이트 후 으레 남자가 여자를 집까지 바래다주곤 했는데 항상 골목 밖까지 아버지가 나와 계시니 여간 난처한 것이 아니었다.

정년퇴임을 하시고 아버지는 서울로 올라오셨다. 건강은 예전보다 좋아지셨다. 친정집과 내가 살던 주택은 도보로 꼭 십오 분 정도 되는 거리였는데 아버지는 새벽 네 시에 시작되는 당신의 새벽산책을 하루도 빠짐없이 불광천변에서 우리 집 앞을 지나는 코스로 택하셨다. 새벽녘, 보행 간격에 맞추어 지팡이 끝에 달린 징이 일정한 박자로 낭랑하게 아스팔트를 때리는 소리는 산사의 목탁소리처럼 들려왔다. 새벽 네 시가 조금 넘으면 어김없이 들려오는 아버지의 지팡이 소리에 잠에서 깨어 골목으로 향한 베란다로 나갔다. 그러면 아버지는 서둘러 다가오시며 힘차게 지팡이를 휘저으며 우리집 대문 앞을 지나가셨다.

"아버지!"

"오냐!"

그것은 당신과 나와의 아침 인사요 하루의 시작이었다. 아버지가 다녀가신 후, 나는 밥을 안치고 아이들의 도시락을 준비하고 남편의 출근 채비를 도왔다. 구태여 시간을 알리는 자명종이 필요 없었다. 아버지의 새벽산책은 일요일에도 계속되었다. 고요한 일요일 새벽, 아버지는 어김없이 나타나 아침잠을 깨우곤 했다. 더 자고 싶은 마음은 굴뚝같은데 아버진 내가 나올 때까지 계속 대문 앞을 서성이면서 지팡이를 아스팔트 위에 내리꽂으며 반복해서 오가셨다.

아버지는 낮 시간에도 종종 우리 집에 들르셨다. 문을 열면 어김없이 한 손에는 신문을, 다른 한 손에는 지팡이를 들고서 계셨다. 외손자들에게 줄 군고구마며 군밤, 호두과자 등을 한 아름씩 사오곤 했는데, 가실 땐 꼭 나의 배웅을 받는 것을 기대했다. 우리 집 대문을 나선 아버지가 점점 작아지면서 골목을 돌아나가시기까지의 대략 팔십 미터 정도의 거리, 그 거리가 나와 아버지의 작별의 공간이 되었다. 아버지는 골목의 모퉁이에서 사라지기 직전, 꼭 한번 뒤를 돌아보며 지팡이로 불규칙한 포물선을 그리셨다. 거기엔 나의 배웅에 대한 감사와 만족감이 담겨 있었다.

아버지가 과천으로 이사한 뒤 돌아가실 때까지 오 년 간의 삶은 산소 호흡기에 의존한 삶이었다. 그런 극한 상황에서도 아버지는 나름대로 새로운 배웅법을 개발하셨다. 예전 같으면 오라버니 식구들과 함께 대문 앞에서 나의 가는 모습을 지켜볼 터인데, 이제 그 배웅 일행에 아버지만 빠져 있었다. 허전한 마음을 안고 돌아서는데 가느다란 아버지의 음성이 들려왔다.

"조심해서 가라. 잘 가라. 도착해서 꼭 연락해라."

사람 얼굴이 겨우 빠져나갈 수 있을만한 크기의 주방 창문에 아버지의 초췌한 얼굴이 매달려 있었다. 창문에 달린 모기장을 흔들고 계셨다. 주방 창문에서만 주차장이 보이기 때문이었다.

그 후 다시없을 것만 같았던 아버지와의 오가는 인사는 조석朝夕이 멀다하고 안부 전화로 이어졌다. 새벽 여섯 시에 어김없이 울리는 전화벨은 아버지의 단장 끝 징소리가 탈바꿈한 것이었다. 나는 그 전화벨 소리에 잠이 깨어 예전처럼 하루를 시작했다. 그리고 저녁 무렵에 아버지는 하루 동안 별 탈 없었는지 하루를 마감하는 전화를 하셨다. 아버지의 전화는 나의 하루를 여닫고 있었다.

"오늘 밤에 영원한 작별이 오더라도 잘 있거라."라는 뜻이 담겨 있는 듯 아버지의 마지막 전화는 정말 진중했다.

"차조심, 건강조심"이란 평범한 말이었지만.

이제 천붕지통天崩之痛의 아픔을 겪은 지 일 년이 되었다. 나는 지금 그 날의 배웅의 장소 앞에 서 있다. 그날 두텁게 차오르던 흙은 굳어지고 무덤 앞엔 아버지의 이름만이 나를 반길 뿐이다. 일 년이 흘렀다고 그 아픔이 희석될 리 없고 그저 연로하셨으니 어쩔 수 없다는 자위自慰로 아버지의 죽음을 잊을 수는 없다. 미수를 살다 가신 아버지의 병약했던 삶이 너무나 애달프다. 당신은 살신성인의 애국자도 아니었고, 명망을 얻은 사회인사로 군림하신 적도 없었다. 그저 가족을 사랑하는 평범한 아버지가 되는 것을 삶의 신조로 삼았을 뿐이다. 그러나 순국열사의 자식들이 어찌 우리 삼남매처럼 행복할 수 있었을까. 거부巨富의 자식들이 어찌 우리처럼 풍요로운 사랑을 받을 수 있었을까.

길고 긴 영면의 기차가 어디 만큼에서 잠시 멈추고, 아버지는 또다시 지팡이의 포물선을 그리며 예전처럼 다정히 나를 마중 나오실 것인가.

약과 독

"이것아, 궁합이 나빠."

"궁합이 나쁘면 어때. 좋아 죽겠는데, 어떡해."

스물다섯 살이던 해, 내가 좋아했던 사람의 부모님이 마련한 상견례 장소에 아버지는 아니 오시고 어머니만 따라 나오셨다. 몹시도 반대하는 결혼이었기에. 밤새 꾸중을 듣고 울었다.

퉁퉁 부은 눈으로 흰 투피스를 입고 커피숍으로 향했다. 점잖게 생긴 그의 부모님 앞에 앉았다. 가슴이 두근거렸다. 날씨가 추워 꽁꽁 언 두 손은 둘 곳이 없어 무릎 위에 올렸다 내렸다를 반복했다. 오 제발 합격하게 해주소서, 하느님께 빌었다.

그러나 그런 내 마음도 아랑곳없이 엄마는 그분들 앞에서 아직 딸을 결혼시킬 준비가 안 되어서 이만 일어나겠다고 하시며 차도 마시지 않고 앞장서 나가셨고 나는 황급히 그 뒤를 따라 나올 수밖에 없었다. 그날 밤, 나는 방을 데굴데굴 구르고 울며 시위했지만 부모님의 허락은 떨어지지 않았다.

며칠 후, 그는 나의 첫인상에 대한 그의 어머니의 말을 대신 전했다.

"처녀 손이 그렇게 삐쩍 마르고 가늘어서야, 원. 도대체 밥이나 해먹겠냐. 당장에 그만둬라."

하셨단다. 그렇게 해서 그와의 혼인은 아쉽게 깨지고 말았다.

세월이 흐르자 사랑의 상처는 아물어갔지만, 내 손이 밉상이라던 그의 어머니의 말은 늘 가슴을 아프게 했다. 손에 대한 열등감으로 손을 감추는 버릇이 생겼고, 그다음부터 선을 볼 때마다 얇은 장갑을 끼기도 했다.

이듬해, 맞선으로 남편을 만날 때도 흰 레이스 장갑을 끼는 것을 잊지 않았다. 결혼 후, 남편은 내 손이 참 예쁘다고 어루만져 준 적이 많았다. 남편은 나의 지난 상처를 마치 알기라도 한 듯 곧잘 내 손을 추어올리곤 했다. 주부습진에 걸린 내 손을 '사랑의 손', 숭고한 손이라며 오히려 자랑스럽다고도 했다.

그런 남편도 이미 타계하고 숱한 세월이 흘렀다. 그러는 동안 나는 손에 대해 별로 관심을 갖지 않았다. 그만큼 가파른 삶이었다.

얼마 전 문학기행에서였다. 그날은 길이 막혀 모두 버스 안에서 잡담을 나눌 수밖에 없었다. 우연히 내 손이 눈에 띄어 화제가 되었다. 모두 이구동성으로 참 작고 고운 손이라는 애기를 하는 것이었다. 젊었을 땐 참 예쁜 손이었을 것이라는. 나는 긴 악몽에서 깬 듯 기쁘고 신기했다. 그동안 나는 손이 밉다고만 여기고 살았다. 나의 '손'에 대한 남편의 지난 찬사도 그저 격려사로 들었을 뿐이었다.

지금 내 손이 예쁘든가 말든가 그것은 정말 중요하지 않다. 같은 햇빛에 독수리의 눈은 뜨이고 부엉이의 눈은 먼다. 똑같은 손도 보는 사람에 따라 누군가에게는 약이 되고, 또 다른 누군가에게는 독이 된다는 것을, 깨달았다는 것이 중요할 뿐이다.

종잣돈

아까부터 거실을 서성인다. 무슨 좋은 수가 없을까? 혼기에 이른 두 아들을 생각하면 가슴이 답답하다. 젊은 시절, 어려운 살림을 꾸려가느라 애도 많이 썼건만 좀 살만한가 싶더니 남편은 서둘러 떠났다. 그 후의 삶이란…. 한참 펴지던 생활의 주름엔 깊은 골이 다시 패였다. 그땐 애들을 대학만 들여보내면 한시름 놓게 될 줄 알았는데 그렇지가 않았다. 대학이 취업을 보장하는 시대는 이미 지나 버렸다. 어서 두 아들이 취직하기만을 손꼽아 기다렸다. 그러면 걱정이 없을 것 같았기에. 그런데 이제 결혼이 남아 있다. 부모 노릇엔 정말 끝이 없는 것일까. 정들여 키운 자식들인데 이참에 종잣돈이라도 한 푼 쥐어주고 싶은데.

유대인들은 13세에 성인식을 치른다고 한다. 이때 초청된

많은 하객들이 내는 축의금으로 아이의 부모는 자녀 이름의 통장을 만들거나 주식과 채권에 장기간 투자한다고 들었다. 이렇듯 유대인에게 성인식은 일생을 위한 경제적 밑거름을 마련하는 계기가 된다. 우리에겐 백일잔치나 돌잔치 같은 풍습이 있다. 그 기쁜 날, 단순히 가족들이 모여 아이들의 건강을 축복해 주며 식사를 함께 하는 것으로 그치지 말고 아이를 위한 정기예금 통장이라도 마련해 주는 뜻 깊은 날이 되었으면 좋겠다. 나 역시 지난날 아들들에게 종잣돈을 마련해 줄 생각을 전혀 하지 않았던 건 아니지만, 생활에 쪼들리게 되면서 그런 기회를 얻기가 쉽지 않았다.

내 나이 마흔 살 즈음이었다. 힘들게 살아가는 딸의 처지를 가엾게 여기신 친정아버지께서는 어렵사리 모은 기백만 원의 돈을 신탁통장에 담아 종잣돈으로 쓰라고 건네셨다.

"예금이자가 수월찮을 것이니 계속 불려나가야 된다. 절대로 써서는 안 된다."

아버지는 몇 번이나 당부하셨다. 기쁘고 고마웠다. 눈물이 나왔다. 나는 통장에 절을 했는지 아버지께 절을 했는지 모르겠다.

"아버지, 이 돈은 절대로 쓰지 않을게요."

기뻐하는 나의 모습을 보고 아버지는 무척 흐뭇해 하셨다. 나에게도 여윳돈이 있다는 건 행복이었다. 그것을 꺼내보는 것이 나의 즐거움이었다.

그 후 이자를 기입할 날이면, 아버지는 우리집에 오시곤 했다. 한 달에 한 번씩. 아버지는 직접 통장을 들고 은행에 가서 불어난 이자를 확인해 주셨다. 그 당시는 요즈음처럼 전자금융이 발달하지 않았던 터라, 은행에 가야만 자금의 상태를 눈으로 볼 수 있었다. 그렇게 삼 년이 지난 어느 날, 나는 경제 사정이 몹시 어려운 나머지 그 통장을 임의로 해약해 버렸다. 그토록 공들여 키운 종잣돈을….

그 사실을 몰랐던 아버지는 이자를 기입할 날이 되자 어김없이 또 딸의 집을 찾으셨다. 난감했다. 그 예금을 이미 해약했다는 사실을 어떻게 말씀드릴 수 있을까.

"제가 애깁니까?"

나는 아버지에게 짜증을 냈다.

"돈을 주셨으면 제가 알아서 관리를 할게요. 이제부터 이자는 제가 확인할게요."

거짓말을 하는 사람이 어찌 그리 당당했을까. 내가 그렇게 뻔뻔스러울 수 있다는 것이 믿어지지 않았다. 그 통장의 안부가 곧 딸의 안부라고 믿고 계시던 아버지는 어이없는 표정을 지으셨다. 그러나 크게 표정을 바꾸시지는 않았다. 그날, 차 한 잔을 빨리 비우신 아버지는 별말씀 없이 조용히 현관문을 밀고 나가셨다. 지팡이를 짚고 골목을 빠져 나가던 그날, 아버지의 발걸음이 왜 그렇게도 흔들리셨을까.

그날을 떠올릴 때면 가슴이 아려온다. 다시 거실 안을 서성인다. 살아가자면 최소한의 밑천은 있어야 하는데. 두 아들에게도 힘든 순간에 요긴하게 쓸 그런 종잣돈이 꼭 필요할 텐데. 아버지처럼 나도 그런 종잣돈을 꼭 쥐어주고 싶은데. 순간, 장롱 속에 넣어 둔 생명보험증서가 생각났다. 내가 죽으면 돈이 나온다는 보험회사의 증서다. 옳거니, 나는 돈도 아닌 종이쪽지를 퇴근한 두 아들에게 불쑥 내밀었다.

"자, 너희들 종잣돈이다. 예금해 두면 이자가 수월찮을 것이니 계속 불려나가야 된다. 절대로 써서는 안 된다."

그 옛날 아버지도 내게 그러셨지. 나는 흉내 내며 똑같이 말해 보았다. 두 아들은 마주보며 키득거렸다.

마중

김포공항 국제선 입국 대합실 안은 붐비고 있었다. 모두들 누군가를 기다리는 들뜬 표정. 전광판의 '도착' 이란 글씨에 노란 불빛이 들어오면 비행기가 무사히 착륙한 것이다.

마중 나온 이들은 하나같이 그곳만 바라보았다. 불빛이 들어오기를 기다리고 있었다. 오직 나만이 그것을 바라지 않았는지도 몰랐다. 노란 등燈이 켜지면 어떻게 하나. 가슴은 바짝바짝 타들어 갔다. 갈라진 입술을 뜯었다. 손가락엔 피가 묻어났다.

오래전부터 시름시름하던 남편이었다. 몹시 피곤해 했고 체중도 줄고 있었다. 그러던 중 왼쪽 쇄골에서 종양이 발견되었다. 조직검사를 받고 바로 호주 출장길에 올랐다. 검사 결과를 보지 못한 채, 별일 없을 것이라고 말하며 열흘 전 이 공항을 빠져나갔다.

그가 출국하고 난 뒤 검사 결과가 나왔다. 췌장에서 전이된 암이었다. 담당의사는 회생은 불가능하다, 생명 연장을 위해 항암 치료가 불가피하다, 앞으로 남은 반 년이 남편에게 주어진 생의 전부일 것이라고 말했다. 그의 귀국은 곧 죽음을 준비하는 길이었다. 이제 그를 기다리는 건 차디찬 병상일 것이니.

그때 남편은 자신의 꿈을 이루고 있던 시기였다. 불행은 왜 느닷없이 우리를 선택했던 것일까. 행복 속엔 파멸의 씨앗도 함께 움트고 있었던가. 수십 년 동안 우리가 기울인 노력은 그렇게 허사가 되었다.

'차라리 비행기가 영원히 돌아오지 말았으면.'

그는 나를 보자마자 검사 결과를 물을 것이었다. 죽음이 얼마 남지 않았음을 어떤 방법으로 그에게 알릴 것인가. 할 수만 있다면, 시간을 멈추고 비행기의 도착을 연장시키고 싶었다.

드디어 '도착'이란 글씨에 노란 불이 켜졌다. 비행기는 기어이 도착하고야 말았다. 다리가 후들거렸다. 꼭 쥔 손엔 흥건히 땀이 차고 있었다. 숨이 멎는 듯했다. 온몸이 헝겊인형처럼 나폴나폴 끝없이 추락하고 있었다.

얼마쯤 지났을까. 카트에 가방을 싣고 게이트를 빠져나오는 그가 보였다. 두리번두리번 나를 찾고 있었다. 순간 그와 나의 시선이 가볍게 부딪혔다. 반갑지만 꼭 반가울 수 없는 그 짧은 순간, 그는 무슨 생각을 하였을까. 수척한 모습의 그는 나를 보며 환하게 웃었다. 참 아프게. 아주 활짝 웃음 지었다.

그리고 떠났다.

아들의 여자

“오늘은 꼭 손을 한번 잡아 볼게요.”

“서두르지 마라, 적당한 찬스가 있을 것이다. 그래, 그걸 타이밍이라고 하더라.”

비장한 각오로 집을 나서는 작은아들의 등을 토닥거렸다.

내겐 아주 순진한 두 아들이 있다. 그야말로 청정한 공기와 맑은 물로 키워낸, 채소로 말하자면 유기농인 그들 때문에 나는 요즘 고민이 생겼다. 이 애들이 결코 나를 닮지 않아 공부는 잘하지만 연애를 잘하지 못하는 것 때문에 골치가 아프다. 아, 공부보다 연애는 확실히 재미있고 쉬운데, 나는 그런 것은 누워서 떡먹기로 할 수 있는데 그런 걸 왜 못한담. 나는 둘을 앞에 놓고 열변을 토한다.

"마음에 드는 여자가 있으면 지나가면서 부딪쳐도 보고 말이야, 이건 좀 진부하긴 하지만 손수건이나 책도 떨어뜨려보기도 하고, 자꾸 그 앞에서 어슬렁거리는 거야. 그리고 무진장 친절해야 해. 의자도 빼주고 물건도 집어 주고…. 참 여자에겐 말이야, 우유와 초콜릿을 많이 사주라는 말도 있더라. 그런 다음 계속 관심을 보이다가 연락을 뚝 끊어보기도 하고 말이지. 거 좀 당기고 끌려가고 그렇게 해야지…."

"근데 그럴만한 사람을 찾지 못했어요."

이렇게 큰아들은 연애할 흥미조차 느끼지 않는 철저한 일벌레다. 누가 저 아이 가슴에 사랑의 불을 당겨주려나?

나는 아들의 여자에 대한 꿈을 갖고 있다. 막연하게나마 나만이 꿈꾸고 있는 그 인물들은, 사실 현실 속에 존재하지 않을 수도 있다. 내가 생각하는 그 이상적인 며느리 상像을 두 아들은 갸륵하게도 찾고 있을 것이었다. 다혈질인 작은애는 요즘 나를 설득하고 있다. 그런 이상적인 사람은 없으니 포기하라고 하기도 하고 자칫하다 연애 한번 못 해보고 총각 시절 끝나겠다고 아우성이다. 그런데 내가 찾는 이상형이 절대 존재하지 않는다 하더라도 자꾸만 호소하다 보면 그런 테두리에 근접한 짝들을 아이들이 찾아주겠지 하는 것이 내 진심일 것이다. 주위를 둘러보면 자기와는 어울리지 않는 이성異性과 사귀어 부모의 가슴에 씻을 수 없는 상처를 주는 그런 결혼을 많이 보았기 때문이다.

지난 날 나와 남편과는 맞선으로 만났다. 맞선 장소는 우리 집이었는데 그날은 1월 1일이었고, 광주에서 교편을 잡고 있던 나는 스물다섯 살이었다. 1월 1일은 연휴였기에, 서울에서 직장을 다니다 귀향한 총각들은 장가를 들기 위해 바쁘게 돌아다녀야 했다. 덩달아 임자를 찾아 나선 혼기에 처한 내 또래의 처녀들 역시도 그들과 함께 바쁜 스케줄을 보내야 했다. 그 날 나는 세 건의 맞선이 예약되어 있었고, 남편은 우리 집에 두 번째로 도착한 신랑감 후보였다.

나는 찻상을 들고 조심해서 신랑감과 그의 어머니가 있는 방으로 들어갔다. 이미 오전 11시의 한 프로가 그 자리에서 끝난 뒤였고, 남편은 오후 2시 프로였다. 그의 첫인상은 입고 있는 청색 셔츠가 잘 어울리는 호감 가는 얼굴이었다. 찻잔을 내려놓고, 나는 절을 하기 위해 일어섰다. 시어머님 되실 분을 향한 절이었다. 그때 나는 아들의 여자가 되어도 좋은지를 묻는 근엄한 시험대에 올랐던 것이다. 나중에 내가 차버릴지라도 내가 차이지는 않겠다는 각오로 공손히 절을 올렸다. 참 서글서글하고 교양 있어 보이는 그분은 나를 마음에 들어 하는 눈치였다. 결혼한 후 그렇게 나를 혼을 낼 분인 것을 그땐 미처 몰랐다. 그리고 신랑감도 시어머님감도 차를 마시고는 황망히 일어섰다. 그 청색 셔츠의 남자도 다음 맞선이 예약되어 있는지 바쁜 것 같았고, 나 역시 다음 약속이 오후 4시로 예정되어 있었다. 그 사나이는 공손히 내게 내일 저녁에 만나

줄 것을 청했고, 나는 아까 본 11시의 남자와 그에게서 두 건의 데이트 요청을 접수하고 다음 맞선을 위한 휴식에 들어갔다. 이렇게 그와 나는 만난 것인데 그는 나의 심리를 곧잘 읽곤 했다.

그는 나와 세 번째 만남을 가졌을 때는 상당히 저돌적이었다. 갑자기 금은방에 들어가더니 내 약지와 중지에 끼울 결혼반지를 맞추는 것이었다. 그 황당한 행동 때문에 나는 그에게서 이상한 매력마저 느끼게 되었다. 나는 그날 치른 맞선 중에서 기호 2번의 남자에게 마음을 주고 말았다. 그러나 이제 와 곰곰이 생각하면 기호 3번의 남자가 더 괜찮았던 듯싶다. 그날 반지만 맞추지 않았더라면 나는 그 순박했던 3번의 남자를 택했을 것이다. 그러나 후회해 봐도 지금은 어쩔 수가 없다.

나의 두 아들은 여자 형제 없이 자라다 보니 이성에 대해 대단한 신비감을 갖고 있다. 그들이 갖는 여자에 대한 신비감과 경외감, 그것들이 이제 머지않은 시간 안에 현실 속에서 형체를 드러낼 것이 안타깝다. 여자의 손을 잡는 일로도 저토록 가슴 뛰는 젊음, 자신의 여자를 기다리는 동정童貞의 세월이 정말 아름답다. 언젠가 싫도록 잡아야 될 손목이고 언젠가는 알고야 말 여체의 신비가 한 껍질씩 벗겨져 나가며 느끼게 될 가느다란 실망감, 세월의 주름살 속에서 응시해야 할 상대에 대한 아쉬움이 나의 두 아들에겐 없었으면 좋겠다. 서로를 믿고 사랑하게 될 아들의 여자는 어디 있을까. 한결같은 사랑으로 한평생을 함께 걸어갈 아들의 여자는 정말 어디 있을까.

아까 외출 나갔던 작은아들이 막 돌아 왔다.

"그래 손잡는 건 어떻게 되었니?"

나는 두 눈을 빛내며 물었다. 손도 잡았고, 머리카락도 한 번 쓰다듬어 주었단다. 아들은 의기양양하였다.

"그래, 소원을 풀었구나."

슬며시 웃으며 컴퓨터 모니터를 켰다. 갑자기 큰애가 누군가에게 쓴 말풍선이 떠오른다.

"잘 다녀와라. 조심해서……. 쪼옥 쪽!"

"와아! 이제 보니, 과연 누구 아들인데 그걸 못하겠냐. 아주 잘하고 있군 그래…."

네 잎 클로버

네 잎 클로버에 대한 나의 애착과 사랑은 아마 사춘기 무렵부터 시작되었을 것이다. 소녀 시절, 네 잎 클로버를 찾은 사람에겐 행운이 온다든가 하는 얘기들을 주고받느라 우리의 점심시간은 항상 짧게 끝나고 말았다. 나의 꿈은 동화 속의 공주님이 되어 네 잎 클로버로 장식된 화관을 쓰고 백마 탄 왕자님을 맞이하는 것이었다.

'그는 화려한 무도회에서 내게 춤을 권할 것이고, 나는 그의 청혼을 받아 왕비가 될 것이다.' 그 동화 같은 꿈은 소녀 시절 나를 참 행복하게 했고, 네 잎 클로버를 찾게 되면 그 꿈을 이룰 수 있을 것이라고 생각했다. 막연히 소유하고 싶었던 그 네 잎 클로버는 항상 피안의 홍예虹蜺처럼 동경과 애착의 대상이었다.

그 날은 훈풍도 가벼웠다. 향긋한 풀냄새가 싱그럽게 느껴지던 석양녘, 약혼자와 나는 광주에 있는 피정 센터에 도착했다. 6박 7일 동안 긴 피정을 하시는 시아버님 되실 분을 찾아뵙기위해 그 곳에 간 것이다.

2층으로 올라가보니 넓은 홀과 테라스가 인상적인 너무도 아름다운 곳이었다. 우리는 눈앞에 펼쳐진 오월이 주는 계절의 아름다움과 더불어 그윽한 꽃향기와 신록이 토해 내는 청량한 공기, 낙조의 아름다움에 매료되어 정신없이 정원 쪽으로 걸어 나갔다. 그 곳엔 넓은 잔디밭과 푸른 수목들이 저녁노을과 어우러져 금빛 동산을 이루고 있었다. 꽃밭 사이사이로 커다란 돌들이 정연하게 놓여 있었고, 나는 그가 깔아준 손수건 위에 사뿐히 앉았다. 그 돌들 사이에는 작은 클로버들이 수없이 웅크리고 앉아 우리를 축복해 주었다. 우리는 그 곳에서 네 잎 클로버를 찾다가 이름 모를 풀을 뜯어 내 머리에 꽂아도 보고, 시계꽃을 뜯어 시계처럼 내 손목에 감아 보기도 하였다. 하늘의 별은 아스라이 빛나고, 그날 밤 우리들의 눈과 가슴은 불처럼 타올랐다.

아! 사랑이여,

그대는 아름다운 불꽃, 불처럼 취해 우리는 그대의 신전에 오른다.

우리는 릴케가 되어 사랑의 신전 앞에 무릎을 꿇었다. 그날 밤은 정말 내겐 잊을 수 없는 밤이었다.

그후 우리는 생의 반려가 되었고, 네 잎 클로버에 대해 나는 더 이상 생각하지 않았다. 우리의 삶은 그만큼 무겁고 힘들어 그날 그날의 짐을 나누어지기에도 힘이 들었다. 삶이 우리를 속이는지 우리가 삶을 속이는지 우리는 추락하는 새가 되기도 하고, 곤두박질하며 도로徒勞가 되고 마는 헛발질도 하며 허탈한 생을 꾸렸어도, 어느 날 찾아올 따스한 희망을 늘 바라보았다. 삶의 긴 터널을 통과하며 이젠 출구의 밝은 빛을 바라보게 되었을 때, 나는 드디어 그 네 잎 클로버를 찾게 되었다.

그러나 그것은 행운의 선물이 결코 아니었다. 부쩍 피곤해하던 그가 회복될 수 없는 불치병의 진단을 받은 것이다. 이미 생존하기 힘들 것이라는 의사의 잔인한 말을 들었어도 도저히 실감할 수 없었다. 그냥 신발이라도 벗어 때려주어야 직성이 풀릴 것 같은 그 얄미운 주치의에게 남편에겐 비밀로 해줄 것을 몇 번이고 부탁하였다. 그날 나는 몸을 가누기도 힘들었고 아무것도 눈에 보이지 않아 계속 넘어지기만 하였다. 막막하였다. 그냥 그가 불쌍하였다. 억울한 것이 목에 몽둥이처럼 걸렸다. 도대체 그를 어떻게 보낸단 말인가. 우리는 발길 닿는 대로 걷다가 세브란스 병원 뒷산에 올랐다. 다른 때와는 달리 그가 주로 말을 하고 나는 듣기도 힘들었는데, 갑자기 그가 기쁜 듯 소리쳤다.

"네 잎 클로버야. 이거 봐. 네 잎 클로버!"

원 세상에, 거기에는 네 잎 클로버가 빽빽이 들어차 있었다. 오히려 세 잎 클로버는 보기 어려웠다. 그곳은 네 잎 클로버만 있는 나라였는지. 그는 손에 잡히는 대로 한 움큼을 뜯어 나의 핸드백에 넣어 주었지만, 나는 조금도 기쁘지 않았고 이 약속한 행운의 선물이 오히려 저주의 선물로 받아들여졌다.

그후 그의 건강은 점점 회복할 수 없는 나락으로 떨어져 갔고, 그의 병은 깊을 대로 깊어 내가 그를 위해 할 수 있는 일이 아무것도 없어졌을 때, 그는 한 움큼 네 잎 클로버의 추억을 남겨 놓고 영원히 내 곁을 떠나 버렸다. 상실의 아픔은 슬픔과 통곡과 체념으로 바뀌어 자꾸 맴돌았지만, 달래 줄 그가 없기에 나는 혼자서 일어서야 했다.

며칠 전, 여러 권의 성경책 안에서 나는 그 날의 네 잎 클로버를 발견하였다. 이제는 마른 잎이 다 되어버린 네 잎 클로버! 그것을 뜯어주던 그의 애달픈 모습은 그림처럼 선명하지만 그는 어디로 간 것일까? 한때 그토록 갖고자 했던 네 잎 클로버를 책갈피에 옮겨 꽂으니 이제 그 의미는 새롭게 다가온다. 가장 불행했던 시간에 나를 찾아왔던 이 행운의 상징이 주는 그 의미를 나는 어떻게 받아들여야 하나. 비록 그는 떠났지만 지금 그가 준 이 네 잎 클로버의 추억마저 없다면, 나는 이 황량한 세상에서 무엇을 바라보며 그와의 애틋했던 사랑의 순간을 떠올릴 것인가.

오늘도 내 마음의 창을 열고 넓고 푸른 하늘을 본다. 나는 그 푸른 공간에서 꿈꾸던 시절의 그 왕자님과 네 잎 클로버의 화관을 만나게 되는 것이다.

뒤늦은 칭찬

3

헬멧 교수

어찌하면 집을 팔 수 있을까. 고가도로에 인접한 아파트여서 싼맛에 구입하긴 했지만 소음 때문에 사계절 창문을 열 수가 없었다. 게다가 지하철역까지는 얼마나 멀던가. 부동산에 집을 내놓은 지 여러 해째지만, 정작 아무도 보러 오는 사람이 없었다.

그러던 참에 부동산의 소개로 두 모녀가 집 구경을 왔다. 모처럼 온 절호의 기회를 놓칠세라 집안에 향수도 뿌리고 음악도 틀었다. 물론 그들에게 커피도 대접하고 과일도 대접하는 것을 잊지 않았다.

아, 저기 이 집은 나무랄 데가 없어요. 작은 방도 넓혔고, 현관에는 요렇게 덧문을 달아놔서 아주 쓸모 있게 만들었지요. 두 모녀는 내 앞에 다가앉았다. 융자도 없고요, 이 집에 와서

글쎄 좋은 일만 생겼다니까요. 세상에나 웬 말이 그리 술술 나오던지.

그리곤 부동산 사장님이 몇 마디 부추기고 이내 흥정에 들어갔다. 밀고 당기다 적당한 가격에서 낙찰을 보기까지…. 아주머니는 남편이 최후 결정을 한다는 말을 남기고 사라졌다.

밤새 그들의 안부가 걱정이 되었다. 내일까지 그들은 아무 일 없을까. 마음이 변하지는 않겠지, 최후 결정을 한다는 그 남편은 어떤 사람일까.

다음 날 오후, 약속된 시각에 부동산 사무실에 계약을 위한 서류를 들고 나갔다. 가슴은 두근댔다. 집 판다고 좋아하던 나의 두 아들의 모습이 어른댔다. 절대 애들을 실망시키지 않아야 할 텐데.

부동산 사무실에 어제의 모녀와 남편임 직한 사람이 와 있었다. 매우 점잖아 보이는 아주머니의 남편이 신문을 만지작거리며 나를 바라보았다. 이 사람에게 잘 보여야 한다는 생각이 퍼뜩 들었다.

추어주어야 해. 그 생각이 듦과 동시에 내 입에선 불쑥, 혹시 대학 교수님 아니셔요? 라는 말이 그만 튀어나오고 말았다. 그와 그의 가족은 조금 당황한 듯했다.

미소를 띤 그 교수님은 쑥스러운 표정으로 자리에서 먼저 일어나며 그의 아내에게 계약을 잘 치르라고만 말했다. 덕분에 나는 무사히 계약을 치렀다. 그날 그 교수님의 민망한 미소가 지금도 떠오른다.

그 후, 이사 날짜가 가까워왔다. 여러 가지 물어볼 것이 생겨 예의 그 부동산에 들르게 되었다. 마침 점심시간이었다. 내가 사무실에 막 들어섰을 때 길가에 오토바이가 찌익 멈추었다. 헬멧을 쓴 남자가 철가방을 들고 부리나케 사무실 안으로 들이닥쳤다.

자, 여기 신문지 위에 놓으면 되지요? 신문지가 깔린 탁자를 바라보며 그 '헬멧'은 김치찌개며 미역무침, 콩나물, 굴비 두 마리, 마지막으로 밥 두 그릇을 잽싸게 진열했다. 철가방을 닫고 돌아서다가 그와 나의 시선이 부딪쳤다. 헬멧의 사나이가 먼저 나를 알아보았다. 나도 그를 알아차렸을 때 그의 입에선 윽, 하는 작은 신음 소리가 새어나왔다. 내 입에서도…. 나는 두 손으로 얼굴을 가렸다. 어머나, 이럴 수가….

그는 바로 몇 주 전에 내가 '교수님' 어쩌고 추어주었던 그 사람이었다. 헬멧 교수는 상기된 얼굴로 인사도 없이 뛰쳐나갔고, 이내 오토바이도 굉음을 내며 사라졌다.

이 동네에서 김치찌개 하면 뭐니뭐니해도 버드나무집이죠. 부동산 직원들이 나누는 말을 뒤로 들으며 나도 그곳을 빠르게 뛰쳐나왔다. 정작 물어볼 것은 묻지도 못한 채….

나도 헬멧 교수처럼 부끄럽긴 마찬가지였다.

화개떡

큰어머니의 친정은 화개였기에 화개댁이지만, 너나없이 모두 '화개떡' 이라고 불렀다. 고향에선 '댁' 을 '떡' 이라고 했다. 화개떡, 목포떡, 정읍떡…, 출신 지명에 떡을 붙인 아낙들의 이름이 여간 정겹게 느껴지지 않았다. 큰어머니는 백수白壽를 사셨는데 늘그막에는 자녀들마저도 어머니라 부르지 않고 다들 '화개떡' 이라 불렀다. 어머니에 대한 애칭인지도 몰랐다.

큰어머니는 날만 새면 일곱 자식들 집을 전전했다. 이아들 집 문턱에 들다 말고 딸이 보고 싶다 가시고, 딸 집 문전에 들다 말고 또 다른 아들 집으로 가시곤 했다. 도처에 뿌리내리고 흩어져 사는 자식들 집에서 채 한나절도 나지 못하고 '그냥 왔다.' 란 말만 남기고 다시 떠나니 큰어머니의 자녀들은 차부까지 배웅하랴 따라나서랴 정말 힘들었을 것이다. 치매

같기도 한 큰어머니의 그런 행동은 옆 사람들이 보기엔 자발없게도 보였음 직하다.

아버지도 생전에 우리 집에 오시면 그냥 왔다며 현관 앞에서 맥없이 돌아가시곤 했다. 얼굴 보았으니 됐다는 것이었다. 아버지는 노후에 큰오빠네에서 기거했다. 작은오빠는 전주에 살았는데, 언젠가 여름 휴가철이었다. 아버지는 전주 작은오빠네에 다녀오고 싶다며 때마침 바캉스를 떠나는 우리 식구와 승용차를 함께 타게 되었다. 우리 가족은 전주 톨게이트에서 작은오빠에게 아버지를 인계하고 여수에 가서 묵었다. 아버지는 전주에 도착한 바로 그날 밤 여수에 있는 내게 전화를 했다. 내일 아침에 우리 식구와 합류해 다시 서울 큰오빠네로 가고 싶다는 것이다. 다음 날 우리는 일정을 앞당겨 아버지를 모시고 서울로 돌아왔다. 아버지는 작은오빠 네에 폐가 될 것 같아서 그냥 왔노라고 했다.

자식 그리는 마음, 어쩌면 다 같은 것 아닐까. 멀리 사는 자식 보고 싶어 갔다 얼굴 봤으니 된 것이고, 잘 있으니 된 것이고, 오히려 폐 될까 두렵고, 눈치 보고 눌러 있자니 불편하고, 할 말 없으니 '그냥 왔다.' 하고 돌아서는 마음. 그 마음을 나도 이해할 나이가 되었다.

지금 나에겐 혼기가 지난 아들 둘이 있다. 큰애를 곧 결혼시킬 요량으로 길 건너 아파트에 분가시키고 보니, 나의 요즈음이 화개떡 신세다. 왔다 갔다, 큰아들에게 갔다가 다시 작은아들이 있는 내 집으로 돌아온다. 큰아들한테, 작은아들한테…, 이렇게 전전하게 되었다. 힘도 부친다. 물론 음식이나 빨래한 옷을 배분하기 위함도 있지만, 대부분은 얼굴만 보기 위해 그냥 갔다, 왔다 하는 것이다. 큰애 얼굴 보면 그냥 왔다 하고 돌아선다. 내 집으로 돌아와 작은애가 잘 있으면, 또 큰애가 걸린다. 다시 보리차라도 한 병 들고 집을 나서면 작은애의 눈치가 보인다. 작은애는 "엄마는 형만 좋아해." 하는 표정이다. 나 잠깐 다녀올게, 집을 나서 인근의 큰아들 네 현관에 또 들어선다. 번호만 누르면 문은 열리니까. 왠지 큰아이의 표정이 떨떠름하다. 잠자려는데 왜 또? 그냥 왔어, 하고 맥없이 돌아 나온다. 그 옛날 아버지의 모습이 보인다.

그냥 왔다 갔다 할 집이 나에겐 두 곳, 아버지에겐 세 집, 화개떡에겐 일곱 집이었다. 큰어머니는 참 정신없었을 것이다. 눈치 보며 여러 자식들 사는 것을 살피는 것도 힘들었겠지만, 애타게 그리던 자식들이 하나같이 자신을 기꺼워하지 않는다는 것이 아팠을 것이다. 그래서 그냥 왔다며 서둘러 다른 자식 집으로 갔을지도 모른다. 나이 들고 보니, 자식에게 쏠리는 마음을 억제하기가 참 어렵다는 것을 알았다.

앞으로 두 아들 집 문 비밀번호는 꼭 외고 있어야 한다. 얼굴만 확인하고 돌아서야지. "그냥 왔다." 아니 좀 더 애교 있게, "그냥 왔씨야." 그리 말하고 씨익 웃어나 볼까나.

로티와 나

오르고 싶지. 네 앞의 그 벽을 오르고 싶은 거지. 내겐 그 벽이란 것이 참 보잘것없게 느껴지지만…. 크리넥스 각 세 개를 벽돌처럼 거푸 쌓으면 네겐 벽이 되는 거야. 그걸 넘으려고 버둥대는 네 모습을 나는 은근히 즐기는 거지. 한편으로 너를 누르고 있다는 지배의식, 통쾌감. 그런 너를 바라보면 재밌던 걸. 너는 곰살궂지만 좀 귀찮아. 먹이도 잘 먹질 않고 대소변도 가리지 못하잖니. 그래서 네 집 앞에 신문지를 깔고 널 가두는 거야. 그 벽 안에서 너는 나오고 싶어 낑낑대지만.

그래. 딱 한 번, 네가 기어 나온 적도 있었어. 크리넥스 각으로 만든 벽을 밀다 그 틈으로 간신히 빠져나왔지. 이리 기웃, 저리 기웃, 너는 다용도실 빨래통 안으로 들어가 잠깐 잠을 잤어. 그걸 모르고 나는 네가 담긴 빨래통을 세탁기 안에 거꾸로 쏟을 뻔했어. 네가 끙 하고 울지 않았더라면 나는 물비누를 넣고 물을 가득 부어 너를 세탁기 안에 넣고 빙빙 돌렸을 거야. 담 밖을 나온다는 건, 그래 위험해. 자유로운 게 꼭 좋은 건 아냐.

나도 너처럼 오르고 싶었어. 내 앞을 가로막은 벽이란 벽을 송두리째 올라보고 싶었어. 나를 에워싼 그 담을…. 한 번이라도 벽을 넘어 자유로워지고 싶었단다. 그리고 많은 사람들 앞에 서고 싶었어. 자랑스럽게. 이게 바로 나야, 나는 이런 사람이지. 저 담. 내겐 별거 아냐. 저것들이 나를 아무리 가로막는다 해도 나는 오를 수 있어.

오르다 떨어지기도 했어. 참 아프고 창피하고…. 거대한 벽을 오른 적도, 물론 있었어. 어렵사리 그 담을 올랐을 때에도 사람들은 박수도 치지 않았어. 나를 본 체도 않는 거야. 맞아. 그게 약이 올랐어. 그때 깨달았지. 보이기 위해 오르면 안 된다는 것을.

안 돼. 너는 이불 위를 오르면 안 돼. 안 되는 거야. 내 누추한 이불이 꿈인 네 모습이 사실은 안타까워. 보잘것없다 여긴 내가 사는 현실이 너에겐 꿈이었다니. 내가 가진 꿈도 누군가의 눈엔 그렇게 왜소할 수 있을 거야. 너는 내 이불 위에 오르는 것이 제일 큰 바람인 듯해. 알지만 나는 그것을 용납하지 않았지. 버릇이 나빠진다든가 너의 배설물이 내 이불에 묻는다든가 그런 이유에서지. 아니면 나보다 신분이 낮은 너와 잘 수 없다는 그것이 이유지.

너는 살금살금 다가와 요와 바닥 사이의 경계에 엎드려 있다가 틈을 타서 베개 사이로 잠입했고, 내 팔을 핥으며 아부를 했지. 내 손을 핥는다는 것은 이불 위로 오르고 싶어서야. 나는 그걸 알면서도 네 청을 들어주지 않았어. 매몰차게 널 밀어냈지. 때리기도 했어. 소파 밑으로 꼬리를 내리고 기어들어가던 너는 아마 배신감을 느꼈을걸. 내가 인간세상에서 자주 느끼던 그 감정을.

나도 너처럼 누군가를 핥아보기도 했지. 비위도 맞추고 아부도 해보았지만 번번이 자존심만 상했을 뿐이야. 꿈을 이룬다는 것, 오르고 싶다는 것. 그게 내 맘대로 되는 일은 아냐. 나의 능력에 맞게 올라야 한다는 것도 알았어. 다른 이의 정상이 나의 정상은 아닌 거야.

거북이와 토끼의 경주를 알지. 토끼는 거북이에게 지고 말았어. 그 이유를 알겠니. 토끼의 목표는 거북이를 이기는 것이었어. 거북이의 목표는 토끼가 아닌 정상이었던 게야. 정상을 향해 묵묵히 오른 거북이가 토끼를 이긴 거지. 경쟁이란 치졸한 거야. 그렇게 오르는 것은 꿈이 아냐. 경쟁하는 마음을 내려놓아야 진정한 정상에 오를 수 있어. 거북이처럼 묵묵히. 제발 무턱대고 오르려고 하지 마.

나는 이제 너를 보내야 해. 맡겨진 한 달 동안 너를 돌보면서 길들이면서 행복했어. 한 달 기른 정이 정말 이렇게 깊을 줄은…. 그래도 보내야 해. 오늘, 긴 여행에서 돌아온 네 주인의 품에 너를 안겨주었어. 잘 키우라는 부탁까지. 돌아서면서 가슴 아팠어. 너를 안았던 내 마음의 자리가 너무 허전해서. 너와의 교감의 시간, 너라는 생명과 함께했던 그 한 달이 너무 아쉬웠어. 너는 로티. 두 달 된 몰티즈였지.

재롱잔치

갓 취직한 아들의 연수가 끝나고 수료식이 있는 날이다. 장롱 속에서 특별한 날을 위해 아껴 둔 투피스를 꺼내 입고 걸음을 재촉했다. 아들의 입사. 높은 경쟁률을 뚫은 당당한 취업이지만 왠지 아쉬움은 남았다. 평범한 샐러리맨이 되는 것이 어제의 꿈은 아니었기 때문이다. 아들이 입사한 은행의 웅장한 건물 앞에 택시는 멈췄다. 가슴에 이름표를 단 아들, 아니 신입행원이 건물 앞에서 나를 맞이했다. 아들의 안내를 받으며 수료식장으로 들어섰다.

수료식이 끝날 무렵, 신입행원들이 무대 위에 정렬했다. 아들은 왼쪽 끝, 둘째 줄이었다. 그들은 회사의 행가行歌를 비롯해 동기가同期歌 등 여러 곡의 노래를 율동을 해 가며 불렀다. 아들은 뒤질세라 입을 크게 벌리고 열심히 노래했다. 어미가 자신을 바라보고 있다는 것을 의식했을까. 잘하기 위해 무진 애를 쓰고 있었다. 그 모습이 딱 어린아이였다. 재롱잔치였다. 자식은 회갑이 넘어서도 부모 앞에선 때때옷을 입고 재롱을 부린다더니. 참 볼만하였다.

그러는 동안 나는 가슴 아픈 회상에 잠기고 말았다. 나의 기억 속으로 다섯 살 난 아이가 걸어 들어 왔다. 12월 성탄절을 위한 재롱잔치 준비가 한창인 유치원 시절 아들의 모습이었다. 아들은 장난감 청진기를 귀에 대고 환자를 진찰하고 있었다. 그렇게 연극 연습이 한창 무르익고 있었는데 난 갑자기 마음이 불편해졌다. 그 당시 유치원 회비는 석 달 단위로 내곤 했는데 우리 집 형편으론 상당히 버거웠다. 12월과 1, 2월을 묶어 내야 할 등록금이 참 아깝게 느껴졌다. 1월과 2월은 방학인데…. 그 돈을 가지면 겨우내 피아노며 미술을 가르치고도 남기 때문이었다. 수업도 안 하는 방학 중의 월사금을 재롱잔치를 위해서 그저 날리기는 정말 아까웠다. 당시 남편은 실직 중이었다. 난 망설이다가 아들의 연극 연습을 빨리 중단시켜야겠다고 마음먹었다. 연습이 더 무르익어서는 안 된다고 생각하고 쉬는 시간을 틈타 선생님께 집안에 어려움이 있다 말하고 유치원을 자퇴시켰다. 그날 그렇게 집으로 돌아오면서 어린 아들의 눈치를 살폈다. 갑자기 현관문에 들어선 다섯 살 난 아들은 참았던 울음을 터뜨렸다. 눈에선 눈물이 쉴 새 없이 떨어지고 있었다. 연극이 무척 하고 싶었나 보다. 연극을 중도에 포기하고 정든 동무들과 그대로 작별해야 했던 그 마음이 얼마나 아팠던 것일까. 어미로 인해 아이는 그날 견디기 힘든 억울함을 감수해야만 했던 것이다. 난 그날 아들의 가슴에 대못을 박았다.

그해 겨울 날씨는 유달리 혹독했다. 예정된 재롱잔치가 열리던 날, 아들은 유치원에 가지 못하고 난롯가에서 그림을 그렸다. 그림 속의 주인공은 청진기를 귀에 댄 의사선생님이었다. 재롱잔치를 포기하고 아낀 그 월사금으로 겨우내 아이는 동네 미술학원과 피아노 학원에 다닐 수 있었다. 이 두 가지의 혜택을 주기 위해 나는 다섯 살 난 아들의 꿈을 무참히 짓밟았던 것이다.

어느새 재롱잔치는 끝난 것인지 젊은이들이 우르르 자리로 돌아왔다. 아들은 어두워진 어미의 낯빛을 살피며 곁에 앉았다. 나는 얼른 표정을 바꾸며 활짝 웃었다. 아들도 씩 웃었다. 지난날 어미로 인해 무산된 재롱잔치의 아픈 기억을 전혀 모르는 행복한 얼굴이었다.

수료식이 끝나자 우리는 함께 공원을 걸었다.

"아까 노래하고 춤추는 모습이 꼭 재롱잔치하는 것 같더라."

아들은 부끄러운 듯 얼굴을 돌렸다. 하늘엔 흰 구름이 두둥실 떠있었다. 어린 아들의 짓밟혔던 꿈이 하얀 뭉게구름으로 피어나고 있었다.

"형편이 좀 넉넉했더라면…."

어미의 말을 알아듣긴 하는지 아들은 자꾸 딴전을 피웠다.

뒤늦은 칭찬

아래층에서 심하게 화를 내는 남편의 목소리가 들렸다. 시어머님께 항상 순종하던 남편이라서 의외였다. 더구나 그는 죽음을 앞둔 사람이 아닌가. 그를 화나게 할 사람도 있는 것일까. 빠른 걸음으로 계단을 내려갔다. 남편은 분을 억지로 삼키려는 듯 어깨마저 들썩거렸다. 시어머님은 얼굴을 돌려 나를 피하고 계셨다. 분노로 몸을 떠는 그를 겨우 부축해서 침실에 뉘였다.

"왜 그렇게 화가 났는데?"

그는 대답 대신 눈을 감았다. 목젖이 억지 침을 삼키고 있었다. 눈물이 눈의 가장자리를 타고 흘러 내렸다. 도대체 아래층에서 무슨 일이 있었단 말인가.

그 무렵, 늘 우울해 하던 남편이었다. 생의 종말을 기다리는 삶이 어찌 힘들지 않았을까? 앙상하게 뼈만 남은 그의 몸을 부축하여 겨우 화장실도 가게 하고 목욕도 시켰다. 욕탕 안에서 비누질을 할 때면 내가 힘들지 않도록 이리저리 팔을 움직여 주려고 애쓰는 모습이 참 가여웠다. 항암제를 투여한 뒤 더욱 쇠약해져 버린 남편, 머리를 감으면 머리카락은 한 움큼씩이나 빠지곤 했다.

지지리도 박복했던 결혼생활, 생활고도 있었지만 정말 힘들었던 것은 시어머님과의 갈등이었다. 맏며느리인 내게 많은 기대를 하셨는지 무엇이든 맘에 들어 하지 않으셨다. 이래도 싫고, 저래도 싫은 표정이셨다. 그분은 나와의 사이에서 일어난 하루 동안의 자질구레한 일에 대해 늘 퇴근한 아들을 붙잡고 하소연을 하셨다. 신발장에 신이 가지런하지 않다든가, 빗자루를 쥐는 손이 서툴다든가, 파리가 개 밥그릇에 늘 붙어 있다는 사실이 며느리인 나에 대한 불만이었다. 신혼 시절, 난 살림도 서툴고 젖먹이들의 육아만으로도 벅찼다. 밤잠을 자지 않고 칭얼대는 아이들 때문에 하루 종일 서 있어도 잠은 쏟아졌다. 가사는 힘에 겨웠고 긴장을 하다 보니 실수가 빈번했다.

그러던 어느 날, 가시가 생긴 된장 항아리를 들고 어머니는 아들에게 버럭 역정을 내셨다.

"네가 눈에 뭐가 씌워서 저런 아내를 얻은 것 아니냐?"

난 너무 억울했다.

"된장 항아리에 가시가 생긴 게 왜 꼭 제 탓인가요?"

아뿔싸, 남편의 손이 내 뺨을 후려쳤던 것은 바로 그때였을 것이다. 내가 얻어맞는 순간, 어머님의 노여움은 씻은 듯 사라졌다.

남편은 퇴근 후면 밤이 늦도록 늘 어머니 방에서 시간을 보냈다. 남편과 함께 있고 싶어서 방문을 조심스레 열면 어머니는 너는 피곤할 텐데 먼저 가서 자라고 말하시곤 했다. 단란한 시댁 식구들의 집합 안에 들지 못하는 외로움. 안방 문을 닫고 돌아설 때 나는 한없이 쓸쓸했다.

그 시절, 나의 소원은 남편을 독차지해보는 것이었다. 그러나 남편의 사랑을 받기 위해서는 먼저 시어머님의 사랑을 얻어야만 했다. 어머님과 잘 지내야만 남편은 나를 사랑할 것이었다. 남도 아닌 시어머님 한 분을 만족시키지 못한다는 것은 내 자존심에 관한 일이기도 했다. 사랑을 얻기 위해, 어머님의 비밀번호를 찾기 위해 나는 온종일 매달렸다.

나는 자식들의 교육에 안간힘을 써보기로 했다. 애들을 잘 키우면 어머님에게 사랑받게 될 것이라고 생각했기에.

"애들이 1등을 했어요. 애들이 반장이 되었어요. 애들이 상을 받았어요."

그러나 그 어떤 말을 해도 그분의 기쁜 표정은 찾아볼 수 없었다.

"옆집 애들도 다 잘하더라. 예전에 네 남편도 1등이었다."

"그래도 잘한 거잖아요."

그렇게 살아온 20년이었다.

남편이 떠난 지도 꽤 오랜 시간이 흘렀다. 나는 때때로 그날 어머니의 말씀에 분개하며 화를 내던 남편의 그 속사정이 궁금했다. 그 효자가 왜 그렇게 분개했을까? 알고 보니 그것은 어머님의 '뒤늦은 칭찬' 때문이었다. 지성을 다해 남편을 간병하는 며느리에 대한 어머님의 인식의 변화였는지 감춰둔 속마음이었는지는 잘 모르겠다. 머지않아 세상을 떠날 아들에 대한 고백이었는지도 모르겠다.

"에미, 정말 착해. 요즘 저런 애가 어디 있겠니?"

그날 남편은 그 얘기를 들었다고 한다.

"왜 이제야 칭찬을 하십니까? 진즉 좀 해주시지 않구요. 저더러 지금에 와서 어떻게 하라고. 저 사람에게 잘해 줄 아무 능력도 없는 지금에 와서야…."

며칠 전 시어머님은 그날의 얘기를 이렇게 들려 주셨다.

생生의 로스팅

어릴 적 들은 우스갯소리가 있다. 조물주가 인간을 만드실 때 흙으로 당신의 형상을 빚은 후에 불에 굽게 되었단다. 그런데 처음 굽는지라 실수로 그만 너무 많이 태우게 되었는데 그게 바로 흑인종이 되었다는 것이다. 그래서 이번엔 좀 덜 구워 보자는 심산으로 다시 인간을 빚었는데 이번엔 너무 살짝 구워 백인종이 탄생했더란다. 두 번의 실패 끝에 알맞게 구운 성공작이 다름 아닌 황인종이었다는데, 아마도 이 통쾌한 이야기는 나 같은 황인종이 지어낸 건 아니었을까.

영어로는 굽고 볶는 일을 로스팅roasting이라 한다. 살아가면서 난 그 로스팅이 만만치 않은 일임을 실감하곤 한다. 주부 경력 30년이건만 여태 힘든 일이 있다. 가스 불에 깨를 볶는 일이다. 오랜 세월 동안 해온 일이지만 알맞게 볶는다는 게 그리 쉬운 일이 아니다. 때론 태우기도 하고 때론 덜 볶아서 고소하질 않으니 알맞게 볶아내는 것이 참으로 어렵다. 그래서 깨를 잘 볶는 비결에 대해 누가 묻는다면, 그냥 아주 느긋하게 약한 불로 잘 저어가며 오랜 시간에 걸쳐 볶아야 한다는 말밖에 마땅히 해 줄 말이 없다.

사람과 사람 사이의 관계도 또한 이와 같지 않을까 생각한다. 사람을 사귈 때도 적당한 거리를 두고 오랜 기간 숙성을 시켜야 함을 모르는 바 아니지만, 그 '적당한 거리'가 말처럼 그렇게 쉽지가 않다. 사랑하는 사이 역시 너무 쉽게 뜨거워지면 또한 쉽게 식게 마련이다. 사람을 사귀는 일이야말로 깨를 볶듯 적절한 로스팅 과정이 필요할 것만 같다.

겨울철이면 맥반석 위에 오징어를 구워 파는 노점들이 즐비하다. 바로 불 속에서 익히지 않고 뜨겁게 달구어진 돌 위에서 오징어를 익히는 것 역시 잘 익히기 위한 방편일 것이다. 그렇게 느긋하게 구워 낸 군밤, 군고구마가 속까지 노랗게 잘 익어 제 맛이 난다. 또 있다. 러시아 사람들이 즐겨 마시는 '모래커피'라는 게 있다. 모래를 뜨겁게 달구어 그 위에 쇠 국자 같은 것을 놓고 끓이는 커피를 모래커피라고 한다. 직접 불을 가하지 않고 달인 이 커피가 진짜 맛있는 커피다. 사실 커피 농장에서 갓 생산된 원두에는 아무런 맛도 향도 없다. 커피의 그 독특한 맛과 향은 원두를 볶는 로스팅이란 단계에서 생겨나게 된다. 로스팅의 강도가 약하면 약할수록 커피는 부드럽고 연하며, 로스팅의 강도가 강하면 강할수록 커피는 검고 진해져, 너무 태우면 결국 쓴맛이 난다고 한다.

삶의 깊이를 더하는 건 바로 이런 중용을 이해하여 실천에 옮기는 데 있을 것이다. 어찌 깨나 커피를 볶는 일에만 로스팅이 중요하겠는가. 사람도 마찬가지다. 덜 볶은 것 같은 사람이 있는가 하면 너무 많이 볶은 것 같은 사람도 있는 것을.

너무 행복한 사람과는 슬픔을 이야기하기 힘들고, 너무 역경 속에 있는 사람과는 행복을 속삭이기 힘들다. 희로애락과 화복길흉, 이것들이 모두 삶의 단면이라면 갖가지 어려움과 기쁨으로 로스팅된 사람의 삶이야말로 은은한 향기를 품을 수 있지 않겠는가. 하지만 살다보면 상충되는, 그래서 화합하기 어려운 일들이 참 많은 것 같다. 과연 나의 소신을 얼마나 로스팅하는 것이 적당할까.

생의 로스팅, 얼마나 어려운 일인지. 내가 낳은 두 아들도 로스팅이 잘 되지 않아 석연찮은 구석이 없지 않다. 두 아들 중에 하나는 너무 적게 구웠는지 싱겁기 이를 데 없고, 또 다른 아들은 너무 태웠는지 성품이 빠르고 급하다. 그러나 어쩌랴. 하느님도 조절하지 못한 불세기를….

퇴근시간

홍수를 이루는 퇴근길의 차량 행렬을 바라본다. 멈췄다가 흘러가고 다시 멈췄다가 흘러가는 고가도로 위. 내가 사는 아파트 12층에서 퇴근길 자동차들의 답답한 행렬을 굽어보고 있노라면 분주한 퇴근시간은 말없이 흘러간다. 그러다 난 배시시 웃고 만다.

퇴직 후 하루 종일 기다렸던 것은 남편의 퇴근시간과 두 아들의 하교 시간이었다. 나의 하루는 곧 기다림이었다. 젊은 날 술을 좋아하던 남편의 귀가시간은 일정치 않았다. 어느 날 그가 모처럼 일찍 귀가했는데, 난 마침 저녁을 짓기 위해 쌀을 푸려던 참이었다. 그의 이른 퇴근이 어찌나 반갑던지 대문을 열기가 무섭게 쌀을 담으려던 바가지를 꽹과리처럼 흔들며 춤을 추었다. 남편이 내게 무어라 말을 건넸지만 그 말을 듣는 둥 마는 둥 그의 얼굴을 보는 둥 마는 둥 더욱 환호했다. 한참을 춤을 추다보니 남편 뒤로 어리둥절해하는 회사직원들의 모습이 비로소 보였다. 모두 웃지도 못하고 매우 난처해하며 날 지켜보고 있었다. 민망하여 쥐구멍을 찾고 싶은 심정이었다.

직장인들이 가장 기다리는 시간은 바로 퇴근시간이리라. 주어진 일과를 끝내고 안일함과 평온함으로 복귀하는 시간, 하루의 속박에서 벗어난 시간이기도 하다.

대학을 졸업하고 직장에 처음 출근했을 때 간절히 기다린 건 퇴근시간이었다. 새내기 교사이던 난 늘 지각을 면치 못했다. 아무리 서둘러 가도 이상하게 늘 지각이었다. 그래도 퇴근시간만은 아주 정확하게 지키려 했다. 마치 퇴근을 위해 출근을 하는 것처럼 난 그 시절을 그렇게 보냈다. 그 후, 제법 틀에 잡힌 교사 생활을 하게 되면서 지각하는 버릇은 사라졌지만 퇴근을 기다리는 것만은 여전했다. 한낮의 일과에 지쳐가고 있을 즈음, 퇴근 후 무엇을 할까 생각하면 금방 행복해지곤 하였다.

요즘 '이순신 퇴근'이라는 말이 유행하고 있다고 들었다. 직장인들의 한담閑談일 테지만 퇴근을 기다리는 이들의 간절한 마음이 그 말에 배어 있지 않나 생각한다. '이순신 퇴근'이란, 충무공이 노량해전에서 왜적의 총탄에 맞아 전사할 때, "전쟁이 한창이니, 나의 죽음을 적에게 알리지 말라."라고 했듯, 근무가 한창이니, 나의 퇴근을 윗분에게 알리지 말라며 상사上司 몰래 먼저 퇴근하는 행태를 이르는 말이다. 재미있는 이 말 속에는 직장인들의 고달픈 하루와 퇴근에의 염원이 서려 있는 듯하다.

지난날 옆자리에 앉은 여교사는 이런 이순신 퇴근을 하는 분이었다. 그녀는 자신의 수업이 끝나기가 무섭게 슬며시 퇴근을 했다. 책상 위엔 책 두어 권과 볼펜을 늘어놓은 채 이순신 퇴근을 하는 것이었다. 나의 퇴근을 윗분에게 말하지 말라는 그의 부탁을 들어주는 대가로 가끔씩 그녀에게 커피도 얻어 마시고 책도 빌려 보곤 했다. 언제나 그녀의 책상은 나의 퇴근과 더불어 치워지곤 했는데 과연 퇴근 후 무엇을 하기에 그녀는 그렇게 바빴을까.

결혼 후, 첫 아이를 낳고부터 나도 직장 생활을 건성으로 했다. 두고 나온 어린것이 생각나 견딜 수가 없었다. 수업만 마치면 퇴근시간까지 기다리지 못해 몰래 사라졌다. 나 역시 이순신 퇴근을 감행했던 것이다. 책상 위엔 치우지 않은 책과 시험지 뭉치를 두고 남몰래 사라지곤 했는데, 그 뒤처리는 항상 옆자리의 교사 몫이었다. 퇴근의 절실함, 그것 때문에 나는 오래지 않아 영원한 퇴근을 감행했다. 마지막 퇴근을 하는 날, 나는 목이 메어 퇴직 인사말조차 제대로 잇지 못했다.

풋내기 교사 시절, 그토록 기다리던 퇴근에의 기대는 대개는 신기루였다. 퇴근 후 기다린 만큼 즐거움이 찾아왔던 것도 아니고 상사의 눈을 속인 대가가 그만큼의 기쁨으로 돌아온 것도 아니었다. 그냥 처한 현실이 답답해 뛰쳐나가고 싶었을 뿐이었다. 그래보아도 다시 돌아올 곳이라는 막연히 믿는 구석이 있었기에…. 막상 영원한 퇴근을 하게 되었을 때 나는 마냥 아쉬웠다. 할 수만 있다면 좀 더 머무르고 싶었다. 그렇게 아쉬움을 남긴 채 나는 마지막 퇴근을 했다.

해 질 녘, 관공서나 빌딩 앞에서 퇴근하는 직원들을 물끄러미 바라보는 것은 지난 시간이 그리워서다. 특히 학교 앞에서 삼삼오오 모여 퇴근하는 여교사들을 보면 어쩐지 예전의 나를 보는 것 같은 착각이 든다. 이제는 할 수도 없는 퇴근이 그리운 것은 내게 출근할 곳이 없기 때문이리라. 지난 날 남편 역시 돌아올 집이 있었기에 그토록 배회하며 술을 즐기고 친구를 찾았던 건 아니었을까.

거리엔 아직도 퇴근길 차량들이 꼬리에 꼬리를 물고 이어진다.

행복한 구두 이야기

나는 왜 이렇게 생겼지. 여느 구두와는 좀 다르게 생긴 구두가 있었다. 뒷굽이 높은 신사화였다. 사람들은 '키높이 구두'라고 불렀다.

이 구두가 백화점에 온 지도 어느덧 한 달이 넘었다. 다른 구두들은 날개 돋친 듯 팔렸지만, 이 구두를 찾는 사람은 별로 없어 보였다. 어쩌다 팔릴 뻔도 했지만….

손님들은 구두를 신어보고 이상한 듯 웃는 것이었다. 불편하다는 거였다. 키 작은 사람이 신으면 딱 좋겠다고 했다. 그래서 구두는 그런 사람을 기다렸다. 나는 왜 불편하게 생겼을까. 구두는 어설픈 자기 모습에 마냥 화가 났다. 그러던 어느 날 구두는 매장의 구석으로 밀려나고 말았다.

도대체 내가 할 수 있는 일이 있기나 한 걸까? 그렇게 걱정하던 구두에게 기쁜 날이 찾아왔다. 서른 살쯤 되는 키 작은 청년이 자기를 샀기 때문이었다. 구두는 너무 기뻐 소리를 지를 뻔했다. 청년을 따라갈 땐 슬슬 겁도 났지만, 어쨌든 답답한 매장을 벗어난다는 것, 자기도 누군가에게 선택을 받았다는 게 너무도 기뻤다.

"내게도 주인이 있어."

구두는 소리치고 싶었다. 집으로 돌아온 청년은 구두를 닦아주고 또한 사랑해주었다.

며칠 후, 청년은 단정한 양복으로 갈아입고 외출 준비를 하고 있었다. 그리고는 구두에게 말을 걸었다. 네 덕분에 내 키가 크게 보인다면 얼마나 좋을까. 난생처음 하는 외출. 구두는 갑자기 겁이 났다. 내가 잘할 수 있을까.

청년은 현관에서 구두를 신고 발에 힘을 주며 혼잣말로 중얼거렸다.

"나는 왜 키가 작을까."

그는 음악이 흐르는 어느 카페로 갔다. 문을 밀고 들어가기 전, 발가락을 꼼지락거리며 힘주어 톡톡 발로 바닥을 차는 것이었다. 긴장은 되었지만, 구두는 왠지 기분이 좋았다. 자기도 뭔가 할 수 있다는 게 즐거웠다. 구두는 신났다. 청년은 뚜벅뚜벅 몇 발자국을 걸어 어느 예쁜 아가씨 앞에 섰다. 나를 좀 크게 보이게 해줘. 주인이 그런 뜻으로 신발에 힘을 줄 때 구두도 숨을 죽이고 몸에 힘을 주었다. 처음 뵙겠습니다. 그가 아가씨에게 인사를 할 때 구두는 최대한 주인의 키를 들어 보이기 위해 애썼다.

두 사람이 자리에서 일어나 거리를 걷기 시작할 때 구두는 몸이 꼬이는 것 같았다. 하지만 시간이 지날수록 긴장은 풀리기 시작했다. 구두는 가만히 기도했다. 주인의 키를 더 크게 해보려고 몸에 온 힘을 주었다. 청년의 발꿈치는 공중에 떠 있는 듯했다.

이윽고 숙녀와 청년은 헤어지고 있었다. 순간, 아가씨는 주인의 발을 힐끔 쳐다보았다. 주춤주춤. 주인은 긴장하는 것 같았다. 구두도 뜨끔했다. 돌아서 몇 발을 떼던 아가씨는 청년을 향해 방긋 웃었다. 주인은 답례로 손을 높이 들었다.

고마워, 다 네 덕분이야. 집으로 돌아온 주인은 구두를 잘 닦아주었다. 구두는 그냥 행복했다. 기뻤다.

"결혼할 때까지만 수고해줘."

청년은 빙그레 웃었다.

청년, 아니 아들의 그 구두를 볼 때면 짠하다. 혹 아들이 나로 인해 키가 자라지 못한 건 아니었을까. 학창시절 허구한 날 공[球]보다는 책을 찾도록 했던 게 마음에 걸린다. 오늘도 키높이 구두는 우리 집 신발장 가장 상석에 앉아 있다. 에헴.

공짜 점심

음료수를 시키면 햄버거를 공짜로 주는 가게가 있었다. 얼핏 생각하기엔 가게 주인이 손해를 볼 것 같지만 매출은 더 올랐다 한다. 손님들이 점심으로 햄버거를 먹으면서 공짜라는 생각에 음료수를 평소보다 더 많이 마신 탓에 음료수 매출액이 점심값을 상쇄하고도 남았던 거다. 오히려 음료수 값을 받고 '공짜 점심'을 주는 전략이 더 성공을 거두었던 것이다. 그게 어찌 공짜일까 마는.

그렇다. 공짜 점심은 없다. 적어도 공짜에는 다 이유가 있었다. 따지고 보면, 공짜는 공짜가 아니었다. 하지만 삶엔 분명 공짜 점심도 있었다. 올봄 일본에서 일어난 대지진. 그로 인해 폭발한 원자력발전소에서 방사성 물질이 유출되고 있다. 이 위급한 상황에서 더 큰 희생을 막기 위해 원자로 안으로 뛰어든 용감한 이들. 그들이 있기에 얼마나 많은 사람들이 '삶' 이란 큰 선물을 공짜로 받고 있는가.

그해 가을, 나의 불운은 끝이 보이지 않았다. 경찰서의 취조실에 나는 다소곳이 앉아 있었다. 이마는 찢어져 피가 흐르고 있었지만, 아픈 줄도 몰랐다. 남편의 생명은 하루하루 꺼져가고 있었고, 아들의 수능시험일은 채 한 달도 남지 않은 시점이었으니.

안개 자욱하던 그날 아침, 금화터널 안이었다. 아들의 등굣길을 돕고 돌아오다가 가변차선을 분별하지 못해 맞은편 차와 박치기를 했다. 인명피해는 없는 것 같아 우선 그 자리를 떠난 것이 화근이었다. 남편의 둔부에, 둔부라고 해야 살갗밖에 남지 않아 그 피부를 손으로 두툼하게 모아야만 주삿바늘을 겨우 꽂을 수 있었다. 그 주사를 놓기 위해, 그리고 그가 겨우 삼킬 수 있는 단 한 가지 음식이었던 효소를 먹이려고 집엘 잠깐 갔던 것이다. 다시 사고 현장을 찾았을 때 나는 뺑소니 운전사가 되어 있었다.

마지막 할 말은 없나요? 취조를 마치자 경찰관이 내게 물었다.

'마지막' 이란 단어에 꼭 힘을 주면서. 제가 잘못했습니다. 그렇게 말하고 뚝 눈물을 떨어뜨렸다.

그날, '뺑소니 운전사' 라는 나의 낙인을 벗겨준 사람은 당시 검찰의 높은 간부였던 남편의 친구였다. 둘은 어린 시절의 친구였다 들었다. 그분 덕분에 그날 나는 정상참작이 되어 방면되었다.

한때, 세상은 오바마에게 열광했다. 흑인의 강대국 대통령 되기. 끊임없는 노력의 결과였을 게다. 주변의 도움도 있었음이라. 하나, 무엇보다도 그건 지난날 링컨이 베푼 노예해방이란 공짜점심의 혜택일 것이었다.

내 아버지가 총살대에 묶였을 때도, 이 '공짜'는 삶과 죽음을 극명하게 갈랐다. 내가 태어나기 전 한국전쟁 당시, 아버지는 순천농고 교사로 재직하셨다. 그때는 전시戰時여서 아무 이유 없이 젊은 남자들을 끌고 가 총살시키곤 했다. 그날 방에 숨어 있던 아버지를 창밖에서 누군가 찾아냈다. "어서 나와!" 끌려나갈 때, 신발 끈을 매던 아버지의 손은 크게 후들거렸다 한다. "아이고, 어디로, 어디로 데려간단 말이오." 엄마는 그 사람들에게 묻고 또 물었지만 그들은 대답 대신 아버지를 거칠게 끌고 갔다.

그날, 죄 없는 '죄인'들의 아우성이 산속에 그득했단다. 끌려온 사람들은 죄다 나무에 묶였다. 어느 나무엔가 아버지도 묶였을 게다. 그 순간, 마지막 점호를 위해 묶인 사람들 앞을 지나치던 인민복 차림의 두 사람이 아버지 곁에 다가왔다.

"어, 이 사람…좋은 사람인데? 풀어줘."

그들 중 한 사람이 그렇게 명령했다.

아버지를 풀어준 그 이름 모를 '링컨'은 도대체 누구였을까. 아버지는 그렇게 산에서 내려올 수 있었다. 하산길에 총소리가 무수히 들렸다 했다. 아버지처럼 공짜 점심을 누리지 못한 억울한 죽음들이었을 게다. 아버지는 미수米壽까지 사는 동안, 그날의 그 일을 한순간도 잊은 적이 없었다.

삶 속에서, 우리가 누렸던 공짜는 진정 공짜였을까. 마법 같은 행운도 있었다. 내가 누군가에게 베푼 것이 다시 나에게 되돌아오지는 않았지만 신의 은총이었을까, 조상의 음덕이었을까 운은 예기치 않은 곳에서 찾아오곤 했다.

"공짜 치즈는 쥐덫 위에만 있다." 정작 공짜가 아닌 저 치즈조차 쥐덫 위에만 있을 뿐인데, 인생에 어찌 공짜가 있겠는가. 하나 불구의 몸이 되지 않고 지금껏 살아온 것, 굶주리지 않고 여전히 밝은 내일을 꿈꿀 수 있다는 것, 생명을 얻어 또 다른 생명을 낳고, 다시 그 생명이 생명의 생명을 잉태하는 우주의 섭리를 깨달아가는 것마저 거저 받은 혜택이 아닐 수 없다. 그리고 이 땅에 태어난 복으로, 오늘 쓰나미를 만나지 않았다는 것. 이것마저도 엄청난 공짜 점심 아닌가.

아파트 일층. 누군가 정지시킨 승강기가 나를 기다릴 때 기분이 참 좋다. 공짜 점심을 먹은 기분이다. 나도 뒤늦게 달려오는 사람을 위해 승강기 문을 열어둔 채 기다려본다. 달려온 이의 공짜 점심을 위해.

마드모아젤

낙엽이 내리면, 프랑스 출신 코렛트 수녀님을 떠올린다. 엄하고 까다로웠던 그분은, 꼭 한 번 날 껴안고 눈물을 흘린 적이 있었다.

삽상한 하늘이 명동성당 십자가 탑에 걸릴 즈음. 성당 뒤편 골목의 손수레엔 홍옥 사과가 반들거렸다. '명동가톨릭여학생관', 지방 여대생들의 기숙사. 내가 다니던 학교엔 기숙사가 없어 부모님은 이곳에 나를 맡겼다. 대기자가 많아 모두 2년씩만 머무를 수 있었다. 기약했던 2년이 다 되어가던 어느 가을날, 사과 한 알을 사 베어 물고 기숙사 현관에 막 들어섰을 때 게시판에는 퇴사자 명단이 붙어 있었다. 내 이름도 있었다.

"아래 사람들 겨울방학 오기 전 떠나시오."

코렛트 수녀님의 서툰 글씨였다. 수녀님은 엄격했다. 귀사, 기도, 식사 때 세 번 늦으면 퇴사 조치를 했다.

석식 시간을 놓친 어느 밤. 배가 고파 친구와 함께 식당으로 갔다. 친구는 줄을 잡고, 나는 음식용 도르래를 타고 지하 부엌으로 내려갔다. 귀뚜라미들이 톡톡 튀는 도르래 안에 숨 죽이고 있는데 내려가던 도르래가 별안간 올라가는 것이었다.

한참을 올라가던 도르래가 멎었을 때 나는 기절할 뻔했다. 그곳엔 흰 자리옷을 입은 코렛트 수녀님이 유령처럼 서 있었기 때문이다.

"아악, 수녀님도 잠옷을 입으시네요."

나는 하마터면 엉뚱한 말을 할 뻔했다. 수녀님은 고함을 버럭 질렀다. 불어였기에 알아들을 수는 없었다.

낙엽은 쌓이는데 나는 갈 곳이 없었다. 갈 곳이 없긴 낙엽도 같은 신세였다. 어느 날, 수녀님이 날 찾았다. 내 방은 5층, 수녀님 방은 2층이었다. 두 계단씩을 건너뛰며 빠르게 내려갔다.

수녀님은 보자마자 나를 꼭 껴안았다. 그분은 가느다랗게 떨고 있었다.

"지금 막 당신 아버지 편지 왔어요."

"아버지가? 편지를요?"

"아버지 프랑스어 그렇게 잘해요?"

"아니요, 영문학과 교순데요."

"아버지 내게 프랑스어 편지 보냈어요."

'마드모아젤'로 시작되었다는 그 편지에는 딸을 기숙사에 더 머물게 해달라는 간곡한 사연이 있었을 게다. 편지의 원작은 아버지고 번역한 분은 같은 대학 프랑스어과 교수였단다.

이튿날 게시판에는 괄호 안에 다음 글씨가 덧붙여졌다.

"퇴사 못 할 사정 있는 사람 오시오."

감자 열매

4

사해 死海

아들이 분수처럼 잎이 퍼진 화분 하나를 사 들고 왔다. 그런데 그 야자수 같은 화분은 밑에 구멍이 없었다. 물이 빠질 출구는 도무지 보이지 않았다.

"구멍 없는 화분은 첨 보는구나."

"테이블야자래요. 물은 분무기로 아주 조금씩만, 이렇게 이런 식으로 줘야 해요."

아들은 직접 시범을 보이며 내게 거푸 당부했다.

"거참 이상하네. 얘, 이건 화분이 아니고 꽃병이잖아. 실내에서 기르라고 구멍을 아예 없앤 모양이구나."

배수구가 없는 화분. 가만 바라보자니 애처로운 생각이 들었다. 닭장 같은 아파트, 이곳에서의 생활을 위해 구멍마저 없애다니. 애완견들은 성대수술을 받고, 화분들은 죄다 받침

인지 방석인지를 깔고 앉아 숨죽인 채 앉아 있다. 베란다마저도 마루를 깔아 거실을 만들었기 때문에.

주변에 누가 살고 있는지도 모르는 시멘트의 장벽. 아침저녁으로 엘리베이터에서 만나는 낯익은 모습들은 그 안에서도 모두 등 돌리고 서 있다. 층마다 출구가 열리면 타는 이와 내리는 이의 순환이 이어지고…. '안녕' 이란 인사도 없이…. 이웃이 아닌 타인으로 우리는 헤어진다.

선친은 정작 숙환보다는 배변 질환으로 삶의 마지막을 두려움 속에서 보냈다. 아버지의 기분은 늘 배설에 의해 좌우되곤 했다. 배변을 위해 식사를, 배설을 위해 약을 먹었다. 노쇠한 몸을 이끌고 매일매일 기척 없는 그것을 기다리는 화장실 길은 고역의 연속이었을 게다. 관장약, 설사약을 상용하시며 종일 화장실의 문고리를 놓지 않던 아버지. 그것이 내 아버지의 여생이었다. 돌아가시던 날은 모처럼 흡족할 만큼의 배변을 소복이 보셨다 들었다. 아주 편히 눈을 감으셨단다.

나의 신혼여행도 정말 고역이었다. 그 행복한 시간이 내게 고통스러운 기억이 되고 만 건, 변비 때문이었다. 낯선 사람과의 생활. 그것에 쉬 적응하지 못해서였으리라. 결혼식 올린 후 꼬박 열흘이 지나도록 배변을 못했으니…. 밀월을 누가 달콤하다 말했던가. 말 못할 고민으로 혼자 끙끙 앓다, 열흘째 되던 날 신랑이 출근을 하자 나의 고민은 단번에 해결되었다. 아, 살았다.

살다 보면, 출구가 입구 못지않게 중요함을 깨닫게 된다. 화재 현장서 출구를 찾지 못해 죽음에 이르는 사람들. 먹기는 하되 배설을 하지 못해 고통을 호소하는 사람들. 소화관이 막힐 때는 약으로 해결하기도 하고, 배수관을 뚫을 때는 '뻥뚜러' 가 있다는 것쯤은. 하지만 문제는 사람과 사람, 그 사이의 소통이 막히면 참 난감하다. 소통을 향한 대화와 사랑이 그 특효약이라고들 하건만, 그것도 썩 효력을 발휘하지 못할 때가 많은 것 같다.

주변엔 받기만 하고 주지 않는 사람, 모으기만 하고 쓰지 않는 사람들이 더러 있다. 살아 있는 모든 것은 돌고 돈다. 어쩌면 이 '돌고 도는 것' 은 자연의 이치인지도 모른다. 재물과 물, 뭐든 흐르지 않고 고이면 썩는다는 건 자명하다. 땀 흘려 얻은 재물도 그러할진대 속임수와 착취로 쟁취한 재물들은 더 말할 나위도 없으리라. 우리 몸의 혈관에 피가 순환되어야 건강해지듯, 재물도 영화도 사람과 사람 사이를 원활히 돌아야만 건강한 사회가 될 수 있을 것 같다.

이스라엘에는 두 개의 큰 호수가 있다 들었다. 생명의 바다인 '갈릴리 호수' 와 죽음의 바다인 '사해' 가 그것이다. 갈릴리 호수는 요르단 강 상류에 자리한, 물을 받는 입구로 하류엔 물을 내보내는 출구가 있어 물고기들이 왕성한 생명의 바다이다. 반면에 사해는 요르단 강 하류로 물을 받는 입구는 있지만, 물을 내보내는 출구가 없어 죽음의 바다로 알려져 있다. 순환을 할 수 없으니 염분 농도가 높아져 응당 죽음의 바다가 될 수밖에 없었을 것이다.

그 테이블야자는 두 달 후, 죽어버렸다. 뿌리가 썩었기 때문이었다. 뾰로통한 아들의 뒷전에 대고 나는 크게 소리쳤다.

"내 잘못 아니어야. 물 쪼끔밖에 안 줬어야. 참말이여."

어느 가을날 오후 3시

늦은 점심을 먹고 난 오후 3시. 이 마을 성聖 베네딕트 수녀원 동산. 긴 의자에 앉아 손바닥에 가을빛을 모아본다. 키 큰 버드나무 스무 그루쯤이 두 줄로 늘어선 이곳에는 가을이 깊어지면 낙엽 축제가 열린다. 올해도 빨갛고 노란 낙엽이 실려와 동산 곳곳에 뿌려지면 여기는 도심의 별천지로 변할 것이다.

사계를 하루에 비기면 초가을은 아마 오후 3시쯤일 것이다. 날카롭던 정오의 볕이 조금씩 힘을 잃어가는 시간. 금세 봄과 여름이 지났음을 아쉬워하며 다가올 겨울을 쓸쓸히 기다려야 하는 계절, 팔십 인생의 쉰도 대개 그쯤일 것이다. 장년을 넘어 노년으로 접어드는 나이. 그동안의 결실에 대한 성취감과 목표를 이룬 후의 허무함이 공존하는 계절, 그게 가을 아닐까.

가을은 소리가 아닌 여백으로 시작된다. 맴매애앰…. 매미의

떼울음이 쇠하면서 주위는 조용해진다. 초가을의 적막은 자연이 마련한 여백. 그 고요함 속에는 변화의 기운이 가득하다. 그래서 여백은 그냥 비어 있는 게 아니다. 마지막 탈피 전 긴 잠에 드는 누에처럼, 높이 뛰어오르기 위해 잔뜩 움츠린 운동선수의 마지막 도약처럼, 코다Coda를 더욱 웅장하게 연주하기 위해 오케스트라가 잠시 쉬어가듯, 오후 3시는 마지막 반전反轉을 위한 준비의 시간이다. 열매가 영글기를 기다렸을 농부에게 오후 3시란, 아마 봄과 여름이 지난 지금일 것이다.

돌이켜보면 인생은 무수히 반복되는 오후 3시일지도 모르겠다. 못 이룰 듯했는데 어느새 이루어지고, 비로소 이룬 듯했는데 이내 사라져버리는 것. 시련과 좌절이 앞날을 어둡게 해도, 꽉 막힌 방에서도 창문 하나쯤은 비스듬히 열려 있었고, 하늘 가득했던 먹구름이 씻은 듯 사라지는 기적이 나타나기도 했다.

하나, 노년으로 접어드는 오후 3시도 과연 그러할까. 오랜 기다림 끝에 달콤함을 맛보았지만, 행복은 오래 누릴 수 있는 게 아니다. 오히려 그 시간은 너무나 짧다. 화려했던 나무는 이내 나목裸木으로 변하고 한 해는 결국 저물고 만다. 늙어가는 지금의 나에게 오후 3시는, 숱하게 겪었던 여느 3시와는 너무도 다르다. 그저 '빈 여백'일 뿐, 더 이상 쉬어가는 페이지가 아닐지도 모를 일이다.

이제는 가을이 찾아와도 가슴이 뛰지 않고 감성과 체력, 아니 모든 것이 나도 모르는 사이 조금씩 예전 같지 않음을 느낄 수 있다. 얼마 전까지만 해도 짧은 산책길 정도로 느껴졌던 것이 멀고 힘겨운 길이 되곤 할 때면, 슬그머니 왔다가 무심코 지나가버리는 어느 가을날 오후 3시는 애달픈 시각이 되고 만다.

그래도 아직 내게 반전이란 게 남아 있을까. 새로운 결실을 위한 여백의 시간 '오후 3시'를 부여잡고 나는 아직 꿈과 희망을 적는다. 내가 아닌 후손들을 통한 반전. 생각해보니 일생을 두고 그토록 이루고자 했던 그 일의 갈무리는 아직 끝나지 않은 것 같다.

어느 가을날 오후 3시, 비움의 의미를 생각해본다. 텅 빈 공허가 아닌 꿈과 희망을 품은 '비움'의 의미는 채움의 다른 이름이리라. 버린 만큼 얻고 주는 만큼 풍요로워지는 게 생의 묘미임을, 허망함에 대처하기 위해서는 먼저 비워야 함을 어느 가을날 오후 3시는 넌지시 내게 일러준다.

"아니 온 듯 다녀가세요." 언제인가 석굴암 돌계단을 내려오다 읽었던 푯말이었다. 쓰레기 남기지 말고 다녀가시라는 뜻이었지만, 인생도 응당 그래야 한다는 불가의 가르침이었으리라. 여운은 길었다. 어찌하면 아무런 흔적 없이 떠날 수 있을까. 가을날 오후 3시도 결국 낙엽이 되어 아니 온 듯 다녀가고 말 것이다. 한 장 낙엽처럼 완전히 스러질 수 있다면 그렇게 또 내 새로운 생명을 위한 밑거름이 될 수 있다면….

아차, 벌써 오후 4시가 넘었다. 이 버드나무 동산에도 이제 황혼이 찾아올 것이다. 오후 3시가 지나면 그 시간은 빠르게 다가올 것이기에.

버려진 화분

휴우, 두 시간 넘게 줄을 섰다. 간송미술관 정문까지. 어렵게 관내에 들어서니 사위四圍는 퍽 고풍스러웠다. 미술관의 연륜이 느껴졌다. 벌써 가을은 계절의 끝에 까치밥처럼 매달려 있었고, 키 큰 나무들은 우산처럼 군데군데 하늘을 가리고 있었다.

미술관 현관까지는 아직 한 시간도 더 넘게 줄을 서야 한다고 관람객들이 수군거렸다. 줄은 오르막을 기어오르다 오솔길 휘돌아 작은 숲 속으로 들어섰다. 아, 무척 지루했다. 하지만 이젠 선택의 여지가 없었다. 포기하고 돌아서긴 늦었다. 뒤에 길게 늘어선 줄이 내게 그렇게 말하고 있었다.

두리번거렸다. 흙길을 밟으며. 그 사이에 줄은 조금씩 앞으로 당겨졌다. 안내원 대신 좁은 길 양편의 수많은 화분들이 관람객을 말없이 안내하고 있었다. 흙만 반쯤 담겨진 화분들,

어떤 것들은 잡풀을 잔뜩 이고 있거나 아예 흙조차 없기도 했다. 아름다운 화초가 흔적도 없이 사라진 그것들은 전시장에서 이미 쓸모를 잃어버린 것들이었다. 백자나 청자 화분은 보이지 않고, 그저 그런 화분들만 즐비하니 거기 도열했다. 어찌 그 개수를 셀 수 있으리오. 그들은 길을 따라 얌전히 양옆으로 줄을 지어 서 있었다. 관람객들이 앞으로 이동할 수 있게끔. 누가 가져가거나 말거나. 버려진다는 것, 관심 밖으로 멀어진다는 것. 이 얼마나 슬픈 일인가.

저 수많은 화분들은 언젠가 화려한 리본을 매고 예쁜 포장지에 싸여 이곳에 입장했으리라. 아름다운 사연들을 리본에 새긴 채, 많은 관람객들의 눈길을 끌고 기쁨이 되었으리라. 삶의 등 뒤에는 죽음이 숙명처럼 함께하고, 젊음의 끝에는 노년이 도사리게 마련. 영화榮華에도 쇠락의 길이 있어 뽑힌 백자나 청자분도 언젠가 깨지거나 버려질 것이다. 일생 문전성시를 이루는 것은 세상 어디에도 없으니까.

그랬다. 내게도 화려한 날이 있었다. 어여쁜 리본에 아름다운 옷으로 치장했던 그날이. 많은 갈채를 받으며 수많은 이들의 축복을 받으면서…. 그런데 결혼식을 올리고 내 삶은 그 아름답던 리본을 차차 걷어내기 시작했다. 따가운 햇살과 세찬 비바람 속에 노출된 채, 끝없는 시련의 시간이 시작되었다. 그리고 저것들처럼, 어느새 나는 빈 화분이 되어 있었다.

지하철 안에서 보는 장님부부의 걸인행각도 나는 가끔 부럽다. 그리움. 먼저 간 남편과 함께 걷지 못하는 이 황혼의 언덕은 정녕 헛헛하다. 지금 그 어떤 리본으로 제아무리 나를 포장해본들 그저 주인 없는 저 쓸쓸한 빈 화분일 뿐이다. 곳곳에 금이 가고 세월의 흉터가 아로새겨진 흙 묻은 보잘것없는 화분. 아무도 쳐다보지 않는 그저 그런 화분….

그러나 가만 보면 저 화분들은 보잘것없지만 아무것도 아니 하는 건 아니다. 관람객들의 길라잡이. 값비싼 도기가 어찌 저런 자리에 놓여 있을 수 있겠는가. 모든 귀중한 것들은 하찮은 일을 하지 않는다. 하찮지만 참 중요한 일을 할 수도 있는 것을. 나 역시 저런 빈 화분. 그래, 그렇지 않았더라면 어찌 내가 이 자리에 서 있을 수 있었을까. 교만을 벗어던지고 가족의 충실한 안내역일 수 있었던 건, 내 입장을 자각하고 찬란한 꿈에서 한 계단 내려왔기 때문이리라.

드디어 전시회장 입구의 계단을 오르게 되었다. 입구엔 화려한 양란들이 그 아름다움을 뽐내고 있었다. 한껏 치장한 얼굴은 갖가지 색깔의 꽃을 피우고 있었다. 내겐 그 꽃들이 그저 아름답지만은 않았다. 언젠가 리본을 풀어야 할 운명이라면, 그래 부디 쓸모 있게 버려져야 한다. 참 아름답게 쓰일 수 있게.

미안해요 엄마

아들의 수저를 밥상 위에 놓아본다. 저녁 식사를 함께하지 못할 거라는 연락을 받았지만.

어머니도 이런 마음이셨을까. 어렵게 곗돈을 부어 식구마다 한 벌씩의 은수저를 장만하셨던 엄마. 온 식구들을 어루만지듯, 한 벌 한 벌 정성껏 수저를 닦던 엄마에게, 수저는 또 다른 '우리' 였을 것이다.

큰오빠 네에 살던 병상의 엄마가 빠뜨리지 않고 하셨던 일은 아침 식탁에 가족의 수저를 놓는 일이었다. 새벽녘 눈 뜨자마자 어김없이 부엌으로 걸어 나와 삐뚤빼뚤 수저를 놓던 엄마. 집안일을 손에서 놓았지만 그 일만은 꼬박꼬박하셨다. 일생 가족의 식사를 마련하셨던 터라 그저 몸에 밴 습관이겠거니 하시다 말겠거니, 우리는 그저 그렇게만 생각했다.

어눌한 말씀에 불편한 몸을 이끌고, 열 걸음도 아니 되는 안방에서 부엌까지의 길을 엄마는 참 힘들게 휘청거리며 걸어 나오시곤 했다. 안방에 진짓상을 들이겠다고 해도 극구 사양하셨다. 함께 살던 식구들에게 그건 참 불편했을 것이다. 끼니마다 곁에서 식사를 거들어야 한다는 것도 그렇고, 환자와 함께하는 식탁이 어찌 즐겁기만 했으랴.

제발 그 일 좀 그만두면 안 되겠소. 아버지는 말리고 또 말렸지만 엄마는 들은 척도 하지 않았다. 도대체 웬 황소고집이냐고 아버지는 화를 버럭 내시곤 했다. 큰오빠 역시 몸도 편치 않은 어머니가 수저를 놓아서야 되겠냐며 그냥 누워 계시라 사정을 하고 또 했지만 엄마는 달라지지 않았다.

그러던 어느 날, 아버지가 내게 부탁을 하셨다. 네 어머니 아침에 수저 좀 놓지 않게 잘 말해보아라. 어차피 다시 놓아야 하는데. 아무리 하지 말래도 소용이 없단 말이다. 딸이 말하면 듣겠지. 아버지는 내게 간곡히 말씀하셨다.

그 날 해 질 녘, 나는 친정으로 발걸음을 옮겼다. 막 안방 문을 밀자 이불에 앉아 계시던 엄마가 반색을 했다. 나는 대뜸,

“엄마, 엄마. 아침에 수저 좀 놓지 마. 엄마는 그런 일 안 해도 되잖아. 새언니가 다 할 건데. 힘들잖아, 식구들도 싫어하고.”

“그런, 말… 하려거든… 어서 가, 빨리 · 가아.”

더듬거리는 말소리는 울먹였다. 얼굴엔 노기가 서렸다.

“어서…가아. 너마저도….”

"…."

"가아."

"엄마…."

엄마는 나를 물끄러미 바라보시더니 두 귀를 손으로 막고 이불 위에 비틀비틀 일어섰다.

"나, 난 · 내가 · 하고 · 싶어 · 서…하고 · 싶어…하는 것뿐이야."

엄마의 눈가에 눈물이 맺히는가 싶더니, 이내 두 줄기 눈물이 볼을 타고 흘렀다. 울고 계셨기에 비뚤어진 입은 야릇하게 움직였다. 그 입가로 눈물이 파고들었다. 등을 때리며 엄마는 나를 방문 밖으로 마구 밀어냈다. 흐느끼면서.

이튿날 정오, 엄마의 갑작스런 운명 소식이 전해졌다. 그날 아침도 엄마는 여전히 수저 놓는 일을 하셨단다. 평생 수저를 밥상 위에 놓으며 가족의 평안함을 확인하던 나의 어머니는 그날 그렇게 하늘로 가셨다. 미안해요, 엄마.

감자 열매

고진에 사는 형님이 옥수수를 보내왔다. 껍질을 잘 벗겨서 푹 삶아야 하네, 라고 적힌 쪽지대로 한 박스의 옥수수 껍질을 다 벗기고 나니 알맹이보다 껍질이 훨씬 많았다. 지난여름에 강낭콩을 깔 때도 그랬다. 껍데기가 알맹이보다 많다니. 허세 많은 사람을 보는 것 같았다.

저 멀리 안데스 산맥에서 자라던 '감자'가 바다 너머 유럽으로 처음 건너갔을 때 이야기다. 남미에서 처음 감자를 먹어보았던 어떤 유럽인이 그 맛을 잊지 못해, 제 나라로 감자를 가져가 심었다. 싹이 트자 이제 조금만 더 기다리면 열매를 맺겠구나, 군침을 삼키며 정성을 다해 감자를 키웠다. 한참이 흘렀다. 감자꽃이 피었다 지자 방울만한 초록색 열매 몇 개가 겨우 달렸다. 생김새가 자기가 먹었던 감자와는 사뭇 달랐지만 토양과 기후가 달라 그런가 보다, 하며 그걸 따서 요리해 먹었다가 배탈로 한동안 고생을 했다. 하여 홧김에 "이놈의 감자를." 하며 뿌리째 뽑았더니, 웬걸 뿌리에 먹음직스런 감자가 주렁주렁 달려 있었다 한다.

살다 보면, 알맹이와 껍데기를 혼동할 때가 종종 있다. 초록색 감자열매에 집중했던 저 유럽인처럼 사람들은 자기가 알맹이라고 생각하는 일에 열을 올리지만, 결국 그것이 껍데기임을 깨달을 때가 많다. 때로는 내가 껍데기라 여기고 있는 것이 다른 이들에겐 알맹이가 될 수도 있을 것이다.

얼마 전, 출판기념회에 다녀왔다. 평생 소원했던 일이 책을 펴내는 것이었던 친구는 아이처럼 좋아했다. 하지만, 그 행사가 책의 내용보다 더 요란했다는 느낌은 끝내 지울 수 없었다.

어제 백화점에서도 그랬다. 엘리베이터를 타고 올라가는데, 2층에서 화려한 고급 유모차를 밀고 젊은 부부가 들이닥쳤다. 사람들은 모두 가장자리로 밀려났다. 아이 하나에게 빼앗긴 공간, 잠깐이었지만 손님들은 참 불편했다. 유모차도 타지 못하고 출판기념회도 열었을 리 없는 예수가 온 인류의 길잡이가 되었건만. 사람들은 내 아기가 탄 화려한 유모차가, 성대한 자축연이 '진짜 감자'라고 믿고 있는 것이다.

일제강점기에 내 아버지는 일본에서 유학 시절을 보냈다. 항상 돈이 없었고, 배가 고팠다. 아침 식사는 동네에 있는 함바(현장 간이식당)에서 먹었다. 함바에선 오 전짜리와 십 전짜리의 밥을 파는데, 오 전짜리 밥공기는 무척 작았다. 청년이던 아버지의 소원은 십 전짜리 공깃밥 한번 먹어보는 거였다. 아침을 먹고 함바를 나올 때마다 내일은 꼭 십 전짜리를 먹어 보리라. 꼭 먹고야 말리라. 어쩌다 고향에서 학비가 부쳐진 날은 더욱 그런 충동이 일었다. 그래도 결심과는 달리 또 오 전짜리를 먹었다. 그렇게 대학 예과 2년, 본과 4년을 보내고 졸업하던 날, 그날 아침도 그 십 전짜리 공깃밥을 차마 먹지 못했다.

주일날 성당에 갈 때마다 헌금 때문에 망설이곤 한다. 나도 만 원짜리 한번 내봐야지. 그렇게 결심할 때가 한두 번이 아니다. 하지만 나는 만 원짜리가 아닌 깔깔한 천 원짜리 새 돈을 부끄럽게 내민다. 만 원짜리를 내는 옆 사람과 눈이 부딪치지 않으려고 시선을 피한다. 나도 보란 듯 만 원짜리 한번 내보고도 싶지만 그동안 어렵게 살아온 나의 살림 규모가 그것을 허락하지 않는다. 비단 헌금뿐이리오. 값비싼 옷은 물론 보석이며 가방, 해외여행, 그 어느 것도 나는 누리려 하지 않았다.

무엇이 진짜 알맹이일까. 아마도 그걸 발견하는 밝은 눈은, 열매는 땅 위로 솟은 줄기에만 달린다는 당연한 상식에 빠지지 않을 때 가능한 것일지도 모른다. 그 어느 때보다 거품이 많은 오늘날이다. 사람들은 뿌리 밑의 감자보다는 초록 열매에만 시선을 모은다. 그래서 알맹이 같은 껍질을 과대 포장하는 일이 비일비재하다. 남도 하니까, 요새는 다들 그러니까

식의 타성에서 벗어난다면, 내가 이제까지 알맹이라고 여겼던 것 역시 껍데기임을 깨닫게 될 것이다.

나 역시 유독 자식들에 대해서만은 알맹이보다 껍데기에 집착하지 않았을까. 그간 자식들의 일류학벌, 일류직장에 건 꿈과 노력이 눈물겹다. 아뿔싸, 사람이란 각기 형태만 달랐지 자기 나름대로의 허세가 있지 않은가. 그것이 재물이든 학력이든, 사상이든 권력이든, 아파트든 유모차든, 알맹이인 줄 한 번쯤은 착각하기 쉽다.

아버지가 단 한 번도 먹지 못했던 십 전짜리 공깃밥과 나의 천 원짜리 헌금이 같다고는 생각하지 않는다. 십 전짜리 공깃밥을 먹으면 다음 끼니는 굶어야 할 일제치하의 아버지와 지금의 내가 같은 입장일 수는 없다. 아버지는 너무 가난해서 껍데기마저도 가질 수가 없었다. 나는 알맹이와 껍데기를 혼동하고 살아온 것이다. 천 원짜리 헌금이야말로 나의 껍데기 아닌가. 그렇게 살다 보니 이제는 허탈하다. 결국은 옥수수처럼 알맹이보다 껍데기의 부피가 한없이 많아지고 있다. 화투짝 흑싸리 껍질만도 못한 그 껍데기 말이다.

루저 이야기

키가 180cm가 안 되는 작은 남자는 루저loser다. 생각이 짧은 어느 여대생의 말로 한때 사회적 파장이 만만치 않았다. 그런데 화를 내야 할 내 아들들이 싱글벙글했다. 뭐 억울할 게 없다. 덕분에 170cm에도 못 미치는 저들은 무죄방면(?)이라나 뭐라나. 어찌 보면 고마운 일일 수도 있다고 너스레를 떤다.

이상하게도 혼자보다는 여럿이 함께 무너지는 게 덜 억울한 느낌이 든다. 그래서 학창시절에 벌을 받더라도 친구들과 함께 받으면 마음은 편했다. 입학시험에도 으레 합격선이란 것이 있다. 그 이상의 점수를 받으면 몽땅 합격하지만, 바로 밑에 있는 점수부터는 모두 떨어진다. 그래서 합격선 부근의 아이들은 떨어지면 억울해하고, 합격하면 운이 좋았다고 말한다. 정작 억울한 사람은 합격선을 월등히 웃도는 점수를 받은 사람들이다. 감히 그들이 소위 '턱걸이로', '문 닫고' 들어 온 녀석들과 같은 취급을 받다니….

그 여대생은 인생의 성패를 하고많은 것 중에서 하필 왜 키에다 두었을까. 돈에 학벌이며 집안이며 하다못해 지역감정까지 거론할 것은 많고도 많은데. 아마도 그녀는 외모지상주의자일 가능성이 크다. 사람들은 인정받는 것, 칭찬받는 일이 너무 중요한 나머지 보이지 않는 것보다는 보이는 것, 멀리 있지만 참 중요한 것보다는 하찮지만 달콤한 것에 온통 신경을 빼앗기고 만다. 그래서 낮은 코는 높이고 작은 눈은 찢어서 크게, 주름살은 펴는 등 얼굴과 몸을 모질게 대하곤 한다. 너나없이 성형을 받고, 비슷한 특징의 얼굴에 개성 없는 표정들이 거리를 활보하고 다닌다.

결혼정보회사에서는 그 여대생이 말한 소위 '루저loser'인 키 작은 나의 두 아들을 겨냥해 많은 전화를 해온다. 그들은 어미인 나에게 아직 미혼인 아들들의 인적사항을 묻고는 이름 대신 번호를 붙여주었다. 큰애는 A120번, 작은애는 B200번이라는 이용자 번호다. 컴퓨터에 입력을 했으니 앞으론 그렇게 부르겠단다. 왜 큰애는 A이고 작은애는 B일까? A와 B의 분류에 적잖은 사연이 있을 것 같아 물어보았더니, 큰애는 전문직이니 A그룹이고 작은애는 비전문직이라 B그룹이라 했다. 따라서 큰아들은 회비가 면제고, 작은 아들은 앞으로 파트너 한 사람에 대한 소개비로 십만 원씩 내라는 것이었다. 큰애가

A라고 어찌 기쁘겠는가. 작은놈이 B인 것을. 갑자기 B로 분류된 작은아들이 불쌍해졌다. 작은애는 십만 원씩을 끼워서 쇼윈도에 내놓고 팔기로 했다.

A그룹인 큰아들에게 들어온 중매는 죄다 돈 있는 집 규수들에 성형수술까지 한, 날씬한 미녀들이었다. 키 작은 큰애에게 그런 여성들이 맞을 리 없어 애당초 성사되긴 힘들었다. 오히려 작은아들에게 들어오는 B그룹 신부감의 가치관과 우리 루저들은 더 맞는 것처럼 보였다. 개개인의 가치를 보지 않고, 전문직과 비전문직으로 신랑감을 분류한 그놈의 기호도 문제지만, 인위적으로 사람을 상품화시킨 시류도 문제라고 생각한다.

여자는 얼굴, 남자는 키. 뭐 이런 것들이 젊은이들에게 중요할 수도 있겠지만 모델라인으로 치장한 외모에도 지성이 깃들지 않으면 아름다울 수가 없다. 감추고 감추어도 속은 드러나게 마련. 예쁜 그릇에 담긴 내용물이 그럴듯하지 않다면 끔찍할 것이다. 투박해도 깨끗한 것이 담겨 있다면 더 아름답다.

쳇바퀴 도는 듯한 삶 속에서 개성을 잃고 자신만의 기쁨과 희망, 생활의 뜨거운 희열을 잃고 사는 이들이야말로 진짜 루저, 아니 '낙오자'가 아닐까.

신은 기계로 찍어내듯 사람을 세상에 내지 않았다. 누군가를 삶의 모델로 삼아도 똑같이 모방하며 살 수는 없다. 인간은 할 수 없는 것들에 집착하며 얼마나 많은 시간을 허비하는가. 나답게 사는 인생은 향기롭다. 장미를 부러워하지 않는 찔레꽃처럼, 해바라기를 부러워하지 않는 채송화처럼 말이다.

덤이 되는 삶

슈퍼마켓에 가면, 으레 큰 우유팩이 작은 우유팩을 업고 있는가 하면 두부와 콩나물도 모두 옆구리에 하나씩 덤을 붙이고 앉아 소비자들의 눈길을 끌곤 한다. 이런 상술이 주는 매력은 정말이지 외면하기 힘들다. 정작 덤 때문에 물건을 사는 경우가 많기 때문이다. 장을 볼 때면 나물 파는 아주머니의 한 줌 덤에 입이 귀에 걸리고, 어쩌다 그 좋은 덤을 받지 못하면 내내 서운한 기분을 떨쳐낼 수가 없다. 결혼할 때도 마찬가지. 부잣집 신붓감들엔 대개 '과분한 혼수'란 덤이 붙어 있어 일확천금을 바라는 신랑감의 눈길을 끌기도 한다.

덤이란 소비자의 기분을 유쾌하게 하는 감성 전략이라고들 하는데, 잘 생각해 보면 인생에도 그런 덤이 있을 것 같다. 지금 내 나이 50대 중반, 52세에 유명을 달리한 남편을 생각하면 지금의 난 그에 비해 덤으로 받은 시간 속에서 살고 있는 것이리라. 먼저 간 남편을 떠올릴 때면 지금 늙어가고 있음을 슬퍼할 일도 아니다. 오히려 남편에 비해 덤으로 받았을 지도 모를 지금의 삶이 고맙기 그지없다.

그러나 덤으로 받은 나의 제 2인생이 오히려 다른 사람들에게 짐이 된다면 어떻게 하나. 이런 생각이 드는 것은 요즘 장성한 자식들의 혼인 말이 오가면서부터다. 혼인을 앞둔 두 아들에게 내가 짐이 되고 있다는 사실이 무척 마음 아프기 때문이다.

남편을 여읜 일도 가슴 아픈데, 홀어머니라는 존재를 별로 달가워하지 않는 신부 후보 측의 눈치가 보여서이다. 신랑감은 맘에 드는데 딱히 홀어머니 모시기가 문제라는 얘기가 알게 모르게 들려올 때마다 나의 삶이 자식들에겐 짐이 될 수밖에 없구나 하는 생각을 떨칠 수 없다.

타인들에게 짐으로 보이는 나라는 존재. 슈퍼마켓의 큰 우유팩이 업고 있는 것은 덤이 되는데, 아들에게 업혀야 할 나라는 존재는 왜 짐이 되는 걸까. 그것은 아마도 덤이 가지고 있는 그 플러스알파의 매력을 내가 이미 상실했기 때문이리라. 나는 여태 자신을 위해 무엇 하나 이룬 것이 없다. 사회적으로 명성을 남기지도 못했고, 아등바등 살아 왔으니 변변한 경제력도 없다. 그러니 남의 눈에는 두 아들의 짐 덩어리로 보일 수밖에 없을 것이다.

그렇다고 슬퍼만 할 일도 아니다. 내가 스스로 플러스알파가 되는 길을 찾아나서야 할 것 같다. 사실 자식들에게 내가 없다면 그들의 눈앞의 성공도 닥친 어려움도 누구를 통해 기쁨이 되고 위로가 될 수 있겠는가. 자식들을 위해 나처럼 기뻐해 주고 아파해 줄 사람이 또 어디 있을까. 난 온전히 그들의 편이 아닌가. 또 앞으로 태어날 자식들의 자식들을 나는 돌보아 줄 수도 있고, 그동안의 삶에서 얻은 노하우를 젊은 그들에게 귀띔해 줄 수도 있으리라. 그런 생각을 하노라면, 아들의 등에 업힌 나는 짐이 아닌 덤이 되어 버린다.

포르투갈이 낳은 유일한 노벨상 수상 작가로 '주제 사라마구'란 사람이 있다. 그는 불우한 어린 시절을 보내며 다양한 직업을 전전하다가 나이 57세에 와서야 전업 작가가 되었다고 한다. 실패와 좌절을 통해 그는 제2의 인생을 값지게 수확해 낸 것이다. 젊은 시절의 고난을 통해 전업 작가로 거듭난 사라마구는 덤으로 받은 제2의 인생을 보너스로 만들지 않았나. 이제 나의 여생도 그런 풍성한 열매를 맺지 말라는 법은 없을 것이다.

음악회에선 덤으로 주는 마지막 앙코르를 듣기 위해 관중은 더 마음이 설렌다. 내 삶의 앙코르도 그런 멋진 여운을 남길 수 있다면 참 좋겠다.

친정엄마

"느그 엄마 너한테 갔냐?"

다급한 아버지의 목소리가 수화기 너머 들렸다. 친정과 십오 분 정도의 거리였지만 당시 엄마의 건강상태로는 우리 집까지 걸어오지 못한다. 그런데도 아버지는 묻고 있었다.

한 시간쯤 전에 엄마를 보긴 했다. 나는 버스 안이었고 엄마는 이마에 거즈를 붙이고 대림시장 앞 횡단보도 앞에 서계셨다. 상처는 며칠 전 넘어져서 생긴 것이었다. 육친을 거리에서 우연히 만났을 때 느끼는 전율. 친밀함과 반가움, 그리고 애틋함…. 그날의 나도 그런 감정이었다. 더구나 병환 중인 엄마에 대한 연민은 말로 표현할 수 있는 것이 아니었다. 그러나 '엄마'를 부를 새도 없이 버스는 횡단보도를 빠르게 통과했다. 그렇게 엄마는 나를 보지 못했고, 나는 엄마가 횡단보도를 잘 건너는지를 뒷 유리창을 통해서 확인했을 뿐이었다. 요즘처럼 핸드폰을 가진 것도 아니었다.

오전 11시쯤 엄마를 보았다는 내 말에 다소 안심이 된 듯 아버지는 전화를 끊었다. 아마 그 횡단보도 쪽으로 급히 달려가셨으리라. 아버지도 보행이 좋진 않으셨다. 나는 곧장 친정 집으로 달려갔다.

시계가 오후 2시를 알려도 엄마는 돌아오지 않았다. 식구들은 모두 안절부절못했고 찾을 길은 막막했다.

아까 응암동 한길에서 외롭게 서 계시던 엄마는 빈손이었다. 도대체 어디로 가기 위해 집을 나섰던 걸까. 엄마가 없어지다니. 병환 중이라 기억력이 좋진 않았지만, 그래도 동네에서 집을 못 찾을 정도는 아니라고 모두들 생각했다. 엄마는 아무 말도 없이 대체 어디에 가셨을까. 아까 엄마를 보았을 때 어떻게든 버스에서 내렸어야 했다.

여고 시절, 내가 다니던 학교는 1학년 때 생활관 학습이 있었다. 일주일 동안 집을 떠나 생활관에 기거하며 '사임당 교육'을 받는 것이었다. 난생처음 부모님을 떨어져 사는 일주일, 잠들 무렵이면 엄마가 보고 싶었다.

생활관 실습의 하이라이트는 금요일 오후 5시에 어머니들을 초청하여 그동안 공부한 것을 보여드리고 우리가 장만한 음식으로 저녁 식사를 함께하는 것이었다. 닷새 전쯤 내 손으로 초대장을 만들어 엄마에게 보냈다.

그날 발표회에서 내가 사회를 맡게 되었다. 그런 행운은 참 우연히 찾아왔다. 당시 우리 동기 중에는 아무도 사회를 보겠다는 사람이 없었기 때문이었다. 엄마가 올 시간을 기다렸다. 엄마를 깜짝 놀라게 해드려야지, 내가 사회를 본다면 엄마가 기뻐할 거야. 그래서 나는 엄마를 더 애타게 기다렸다. 엄마는 나에 대한 꿈이 많았다. 나를 낳고 키우며 꾸었을 그 많은 꿈들을 나는 늘 허무하게 무너뜨리곤 했다. 학교 성적도 피아노 공부도 늘 뒤처졌다. 한때는 나를 피아니스트로 만들고 싶어 했지만, 내 능력이 그에 미치지 못했다. 엄마의 열성과 부진한 딸, 나이 먹은 지금도 그것이 엄마에게 정말 미안하다.

시간이 가까워오자 생활관의 큰 철문이 열리고 어머니들이 들어오는 것이 보였다. 생활관 현관 앞엔 넓은 잔디밭이 있었다. 그곳을 유심히 살피는데 한복을 입은 엄마가 큰 사과바구니를 들고 조심조심 걸어오는 것이었다.

엄마는 무대 앞에 앉았다. 내가 사회자가 되어서 엄마는 얼마나 기뻤을까. 그날 일정을 마치고 헤어질 때 난 엄마의 행복한 얼굴을 보았다. 즐거울 때면 엄마 뺨엔 보조개가 패며 눈빛이 정다워진다. 그리고 살포시 웃는다. 그날도 엄마는 그런 표정을 지었다.

그러나 옛날 생활관에서 엄마를 기다리던 심정과 지금은 달랐다. 지금의 기다림엔 엄마의 생사가 달려 있다. 길을 잃었을까? 교통사고? 납치? 의식을 잃은 걸까? 그 상태로는 택시

탈 궁리도 못할 게다. 돈도 없을 것이다. 집 전화번호도 알지 못하리라.

엄마는 병원에 오래 입원했었다. 뇌 혈전으로 쓰러져 정신이 오락가락했다. 입원한 후, 내가 어머니를 찾아 병실에 들렀을 때, 어머니는 조그만 성모 마리아상을 안고 계셨다. 정신이 없는 중에도 나를 단번에 알아보았다. “경주, 우리 경주다.” 엄마는 반색을 했다. 나도 뭔가 잊어버릴 때가 많다. 하지만 중요한 것은 잊지 않는다. 엄마가 혼미 중에서도 나를 알아보았을 때, 내가 엄마에게 중요한 존재라는 것을 느꼈다. 그 후 엄마의 몸이 다소 회복되자 집으로 돌아왔다가 이런 사고가 난 것이었다.

9월 초순, 9월이라지만 바람도 없이 더웠다. 파출소를 다녀온 큰오빠는 얼굴 표정이 어두웠다. 전화기를 들고 여기저기 전화를 하던 아버지는 아예 부들부들 떨고 있었다. 이제 밤이 되면 어쩔 것인가, 엄마는 어디서 잠을 잘 것인가. 불길한 예감만 들었다. 생사를 모른다는 것, 이 얼마나 절박한 것인가. 어머니는 아직 살아 있을 것이다. 아버지는 그렇게 믿었다. 그래서 더욱 걱정이라 했다. 살아 있다면 그 불편한 사람이 얼마나 놀라며 당혹해할까.

어렸을 적엔 몸이 아프면 좋았다. 학교에 결석하고 안방에 누워 엄마의 간호를 받기 때문이었다. 감기약을 먹고 잠이 살며시 들었을 때, 엄마의 부드러운 손이 내 이마를 만지면 나는 계속 자는 척한다. 그러면 엄마는 손거울을 들고 화장을 한다. 눈썹도 그리고 립스틱도 바르고. 립스틱을 바르고 나선 꼭 아래 위 입술을 겹쳐본다. 데칼코마니를 만들듯 엄마 입술은 골고루 빨개진다. 그리고 다시 거울을 본다. 엄마 화장의 마무리였다. 화장을 마친 후, 엄마는 나를 흔들어 깨워 쌀죽을 떠먹여주었다. 조선간장을 조금 떠 넣고 비벼주던 그 쌀죽 맛이 지금은 그립다. 그런데 나는 불편한 엄마를 보살펴드린 적이 과연 있기나 한 걸까.

얼마나 시간이 흐른 것일까. 친척들에게서 걸려온 전화들이 맥없이 끊어진다.

저녁 6시. 엄마가 나간 지 7시간째. 아침에 엄마가 외출하는 것을 한방에 있는 아버지도, 같이 사는 큰오빠네 식구들도 몰랐다 한다. 안방 문을 열어보았다. 엄마의 이부자리 옆에는 작은 성모마리아상이 누워 있었다.

시간은 자꾸 흘렀다. 저녁 7시. 기적이 일어난다면…. 식구들은 마른 침만 삼켰다. 전화도 이제 먹통이 되었는지 울리지도 않았다. 어디 가서 정말 죽은 게야. 아버지는 울부짖었다. 이 일을 어쩔 꺼나, 어쩔 꺼나아. 누구 하나 아버지 말에 대꾸를 하는 사람은 없었다.

그때였다. 대문 앞에 차가 찌익 섰다. 모두 대문 쪽을 바라보았다. 열린 대문으로 사촌오빠가 엄마를 찾았다고 소리쳤다.

"외숙모… 외숙모님을 찾았어요."

우리는 모두 맨발로 뛰쳐나갔다. 신을 신은 사람은 큰오빠밖에 없었을 것이다. 큰오빠는 마당에 있었기에.

엄마는 나간 지 8시간 만에 안방으로 돌아왔다. 사촌오빠가 볼일을 보고 마침 응암동 성당 앞을 지나는데 엄마가 땀을 뻘뻘 흘리면서 성당 앞에 계셨다 했다. 집을 몰라, 몰라…, 하셨단다. 성당에 가려고 집을 나갔다가 길을 잃었단다.

엄마가 돌아왔다. 엄마가 돌아왔다. 그러나 그로부터 2주일 후, 엄마는 다시 돌아올 수 없는 먼 길을 떠났다. 그래도 우리는 길을 잃었던 그날보다는 절망하지 않았다. 엄마의 영혼은 떠났지만, 그 육신이 우리 곁에 있었기에 말이다. 남은 자에게 죽은 자의 육신은 참 소중한 것임을 알았다. 엄마는 사흘의 장례를 끝내고 흙으로 돌아갔다.

삼우제 후, 엄마가 쓴 글이 탁자 위에서 우연히 발견되었다. 공책에 쓰인 글이었다. 또박또박. 반가운 엄마 글씨였다.

"기다려도, 기다려도, 신은 오지 않고…."

그날, 기다리는 신을 찾아 나섰다가 엄마는 길을 잃었구나. 벌써 이십여 년 전의 일이다.

그 작은 성모상은 아직도 큰오빠 집에 살아 있다. 아니 남아있다.

나목裸木

초겨울 성마른 바람이 병실 창을 쌩 때리면 모든 생명은 사기死期에 이른 듯 숨을 죽였다. 온 누리에 박명이 싸이고, 길에는 낙엽 한 무리. 찬 공기는 퍽도 거칠었다. 침상에 반듯이 누운 아버지는 힘없이 눈을 뜨고 계셨다. 초점을 잃은 눈빛은 두려움에 겨웠다. 공중에 달린 산소호흡기에선 흰 거품이 살포시 일었다가 잦아들기를. 거렁거렁 밭은 숨을 내쉬던 아버지는 한참 후, 슬며시 눈을 감아버리셨다. 얼른 아버지의 손을 잡았다. 미지근한 체온이 잦아들고 있었다. 돌아가신 어머니의 나직한 음성이 들려왔다.

꼭 저 나무 같앴시야. 감방에서 기어 나오던 느그 아부지가 꼭 저렇게 앙상했시야. 영락없는 나무때기였어. 한 달이 넘도록 못 묵고 갖은 고초를 당했다드라. 빨갱이라고 자백하라고 매일 때렸는디. 빨갱이라고 허면 안 때리고 쪼끔 쉬게 했대. 그 휴식이 고로케 달콤할 수가 없었다드라. 그러곤 자술서에 서명을 하라 내밀었대. 빨갱이도 아닌디 빨갱이라고 서명을 헐 수가 없어 아부지는 아까 자백은 거짓이라고 부인을 했드란다. 그러면 또 매질을 했는디. 거짓자백과 자술서 거부. 거짓말함서 버티고, 다시 번복함서 버티고 그렇게 한 달을 보냈다고 허드라. 그러고 죽어가고 있는디 군수를 하는 우리 형부가 아버지의 행방을 찾아내부렀어. 그분 도움으로 아부지를 만나러 순천 형무소로 나가 안 갔겄냐. 나가 아버지를 면회하러 간께로 아부지는 바닥을 뻘뻘 기어 나오드라. 참말로 사람 몰골이 아니었어. 우리 형부가 보증을 서서 가까스로 석방을 시켰단 말이다. 집으로 온 아부지는 혼수상태가 돼부렀어야. 그 난리통이 바로 여순반란사건 아니겄냐. 사는 것이 사는 것이 아니었시야. 그래 갖고 후유증으로 느그 아버지가 결핵에 걸려부렀는디. 뼈만 앙상해갖고 빠알갛게 각혈을 했시야. 나가 어찌어찌해갖고 녹용 반제를 구해다 안 먹였겄냐. 그랬드니 어느 날 소생의 기미가 보이드랑께. 엄청 추운 설날이었는디 나가 마당에서 장작을 패고 있는디 그새 기어 나온 느그 아부지가 쌓아논 장작더미를 붙들고 일어서불드라. 으찌 좋았든지 도끼도 싹 집어떤지고 꽉 붙들고 울었시야. 느그 아부지도 좋아서 막 우시드라. 꼭 저 빼빼마른 나무 같았는디…,

어머니의 악몽 같던 푸념은 겨울이면 늘 되풀이되었다.

침대가 갑자기 흔들렸다. 이게 웬일인가. 주무시듯 눈을 감고 계시던 아버지가 갑자기 일어나서 훌훌 환자 옷을 다 벗어버리셨다. 산소호흡기도 빼버린 채…. 난 그날 벌거벗은 아버지를 처음이자 마지막 보았다. 잎이 진 앙상한 겨울나무, 구십 평생의 바람이 뚫고 간 황량한 고목. 왼 가슴에 심장박동기를 생의 훈장처럼 달고 두 다리는 뼈만 앙상한 '아버지'는, 병실 바닥에 회광반조回光返照의 나목으로 우뚝 섰다.

취객醉客

황홀함. '첫맛'의 여운은 깊고도 길었다. 첫 만남, 첫사랑, 첫 키스가 그랬다. 첫 등굣길과 첫 출근길 또한 그랬다. 설렘이 가득한 순간들. 새해 첫날 첫 해돋이가 유난히 눈부시고, 처음 내 손으로 뭔가를 이뤘을 때의 그 뿌듯함이란….

그렇다, 분명 첫 맛의 여운은 진하다. 인생은 어쩌면 그 첫 맛을 되찾고 싶은 과정일지도 모른다. 그러나 사람들은 분명 첫잔보다 훌륭한 다음 잔이 있다고 믿는다. 다음 잔은 분명 좋을 것이라 믿으며 두 잔, 석 잔, 넉 잔…, 술잔과 술잔을 부딪친다. 차고 넘칠 때까지 마시고 또 마신다.

프랑스 수필가 들레름은 황금빛 맥주 첫 모금이 목구멍을 넘어가는 해갈解渴의 순간을 적었다. 중요한 것은 "딱 한잔"이라고 말했다. 그다음 잔부터는, 첫 잔을 잊기 위해 마시는 것이라고. 첫 잔의 감동. 그놈을 잊으려다, 아니 차마 잊지 못해 우리는 그만 취해가는 것인지.

요즘말로 '엣지' 있는 마지막은 처음 못지않게 매력적이다. 교향곡 4악장, 그 마지막 장의 마무리는 대개 웅장하다. 그 큰 울림은 오래 남는다. 프랑스 코스요리의 대미는 달콤한 초콜릿이 장식한다. 영웅은 절정의 순간 무대를 떠나고, 불멸의 스타는 성공의 꼭짓점에서 은퇴한다, 아쉬움을 한껏 남긴 채. 섹스의 오르가슴은 격정의 순간 마무리되며, 산고의 끝도 미묘한 달콤함이었다. 내 아기가 빠져나오던 순간의 그 짜릿함, 산고의 마지막 순간은 달큼한 전율이었다. "초원의 빛이여 꽃의 영광이여 다시는 그 시간이 되돌아오지 않는다 하더라도." 마차를 타고 떠나던 나탈리우드의 슬픈 표정 위로 워즈워드의 시가 자막으로 쏟아지던 〈초원의 빛〉의 대단원. 〈바람과 함께 사라지다〉의 스칼렛 오하라. 그녀의 마지막 대사는 "내일은 내일의 태양이…."였다.

산다는 건 만족을 얻고자 함 아니던가. 그 만족치滿足値는 정해진 법 없이, 오로지 내가 정한 만큼일 것이다. 설거지의 헹굼도 일종의 자기만족일 터. 몇 번을 헹구는가. 두 번이든 다섯 번이든 오로지 내가 정한 횟수에서 만족하면 될 뿐이다.

수명에도 만족치가 있을까. 장례식장에 가면 호상이라 하여 고인의 죽음을 자위하는 걸 보게 된다. 망자가 들으면 야속할 테지만 죽음에도 만족치가 있는 것 같다. 내 여생의 만족이란 건 무엇일까. 자식들과의 평안한 관계, 사는 날까지의 건강, 마음이 맞는 벗 몇 사람, 꼭 필요할 만큼의 경제력, 그런 것 아닐까.

과연 막잔은 언제일까. 인생, 그 술상의 마지막 잔이 언제일지 우리는 모르기에…. 연거푸 잔을 들이킨다, 욕심 사납게. 우리는 필요 이상으로 취하고 만취에 주사酒邪를 부리며, 아름다워야 할 인생의 마지막을 추하게 만들기도 한다. 해서 현자는 삶의 지혜를 '비움'에서 찾기도 하고, '자족自足'을 첫째 덕목으로 꼽기도 한다.

분명 내 생生에도 잊지 못할 '첫 잔의 감동들'이 많긴 많았을 것이다. 나 역시 그 첫 모금이 그리워 그토록 동분서주했을 지도 모른다. 지금은 모든 첫잔의 맛도 잊은 지 오래. 이제는 다가올 마지막 잔이 언제일지 두렵고, 그저 오늘 이 시간이 소중할 따름이다.

술잔을 채운다. 첫잔의 맛을 되찾기 위해, 아니 황홀한 마지막 잔이 있다고 믿기에. 채운 술잔을 들이켜고 빈 잔에 다시 술을 붓는 주객酒客은 알딸딸한 상태에서 잔을 내려놓는다. 알맞게 취하면 풍류도 즐길 수 있으리. 적당히 취하면 술자리는 흥겹고 인생은 더없이 즐거워라.

사는 동안 우리는 누구나 취객醉客이 된다. 그리고 마지막 순간, 우리는 운명과 건배한다.

가을과 노년

가을이 떠나고 있다. 슬픈 몸짓으로.

도심, 이곳에는 마땅히 가을을 느낄 만한 게 그리 많지 않다. 흐르는 개울도 잘 보이지 않고, 새들의 지저귐도 성난 소음 속에 묻혀버린 곳. 오가는 자동차들이 마른 도로 위 먼지를 가르면 흩어진 낙엽이 허공 위에서 잠시 춤을 추다 힘없이 구르는 곳. 이게 우리가 사는 도심이다. 도시 사람들은 가을의 정취에 목말라 한다. 고궁 속 단풍 사이를 걷고, 가로수에서 떨어진 은행 몇 알을 다투어 주우며 가을을 느낀다. 어디에선가 낙엽을 실어와 뜰 안에 뿌려놓고 '낙엽축제'라는 플래카드를 내걸기도 한다.

도심의 가을은 사람들을 찾아온다. 행인들의 길어진 소매, 여인들의 스카프와 남자들의 트렌치코트 자락이 거리를 날리면 가을이 온 것이다. 아니, 도심의 가을엔 리어카 행상의 군밤과 군고구마가 노랗게 익어간다. 호두과자와 붕어빵 장수 곁에 군침을 삼키는 행인들이 모여들면서 가을은 깊어간다.

늦은 가을은 인생의 노년에 해당한다. 춘몽에 젖었던 부푼 봄과 노도와도 같던 열정의 여름, 그 젊음을 모두 떠나보내고 평생 일군 열매를 좋건 싫건 받아들여야 할 시절, 힘을 잃은 햇볕처럼 잃은 게 많은 일상을 보내야 하는 시절, 그것이 노년이요 가을일 게다.

가을엔 아름다운 단풍이 있다. 고운 단풍을 뽐내는 나무들은 이내 옷을 벗는다. 먼 곳 북쪽에서부터 들리는 나무들의 옷 벗는 소리와 함께 가을은 깊어간다. 가을은 순수의 계절. 뿌린 대로 거두는 자연의 질서, 흘린 땀만큼 대가를 바라는 공평한 나무의 마음. 어쩌면 가을은 인간에게 헛된 욕심일랑 부질없는 것이라 속삭이는 듯도 하다.

버린 것이 많은 노년의 일상은 곧 가을에 비유되기도 한다. 현역에서 물러난 노년의 슬픔, 그래서 노인은 쓸쓸하다. 꽃 피는 봄, 화려한 젊음의 여름, 겨울이 있기에 꽃이 피어나고 여름이 있기에 단풍이 곱다는 것, 드러나지 않는 겨울과 여름의 수고가 봄과 가을의 아름다움을 만든다는 사실, 가을엔 노장의 용사들은 다가오는 겨울을 위해 옷을 벗어야만 한다. 가을은 다시 오지만 슬프게도 인생은 다시 오지 않는다.

하지만, 사람의 가을이 어찌 자연처럼 순수하랴. 많은 이들의 꿈은 '상록수' 처럼 오랫동안 푸르고 싶은 것. 인간의 마음이 잎을 버리는 나무의 본성과 다를 수 있다는 것이 참 아프다. 석양이 아름다운 것은 어둠에 빛을 넘기는 자기희생 때문이요, 가을나무의 고결함은 잎사귀를 모두 털어내는 비움에 있다는 것을. 어쩌면 가을 단풍보다는 무성한 잎을 모두 버린 '벌거벗은 나무' 의 아름다움이 보다 감동적이지 않겠는가.

상록수가 되고픈 인간은 불로초를 찾는다. 늙음을 부끄러워하고, 지나친 푸념이 노인의 노망으로 비칠까 짐짓 의연한 척하는 우리의 모습 뒤엔, 실은 죽음을 두려워하며 고통에 찡그리는 인간의 모습이 숨겨져 있을 것이다. 겉치장을 위해 우리는 달고 있는 이파리들을 버리지 못한 채, 겨울을 맞이하는 건 아닐까. 말라비틀어진 잎이나마 잔뜩 이고 있는 볼썽사나운 나무의 모습으로 겨울로 들어서는 건 아닐까. 버림의 지혜. 가을나무를 통해 나는 그런 자연의 섭리를 배우게 된다.

가을도 저물었다. 다시 피어날 봄을 위해 무성한 잎을 버리고 빈 몸으로 서는 가을나무처럼 채워서 얻는 것이 아닌 비워서 얻어내는, 아주 가벼운 나그네가 되어 노년을 맞고 싶다.

날마다 마음을 비우는 삶, 다시 올 봄을 위해 무성한 잎을 버리는 아름다움과 너그러움, 참다운 지혜로 사는 노년의 삶은 어찌 아름답지 않겠는가.

[연보]

• 1951년 8월 26일	전남 광주 출생
• 1969년 2월	광주여자고등학교 졸업
• 1973년 2월	수도여자사범대학 국어국문학과 졸업
	중등학교 2급 정교사 자격증 취득
• 1973년 3월 ~ 1982년	장성남중학교 교사
	광주여고 교사
	중등학교 1급 정교사 자격증 취득
• 1976년 11월 20일	이형연과 결혼
• 1977년 10월 04일	장남 이종주 태어남
• 1980년 02월 24일	차남 이종화 태어남
• 1990년 09월 24일	어머니(정효순) 여읨
• 1998년 11월 11일	남편 이형연과 사별
• 2003년 12월 23일	아버지(박규환) 타계
• 2005년 03월	에세이문학 봄호 추천
• 2008년 03월	수필집 《세조각의 퍼즐》 출간
• 2010년 ~ 2012년	송현수필문학회장
• 2014년 06월	수필집 《여우와 포도밭》 출간
• 2015년 03월	제33회 현대수필 문학상 수상
• 현	한국문인협회원
	국제 펜클럽회원
	한국수필문학진흥회 이사
	에세이문학작가회원
	송현수필문학회원

저서

《세조각의 퍼즐》 2008년, 에세이문학출판부

《여우와 포도밭》 2014년, 에세이문학출판부

현대수필가 100인선 Ⅱ - **35** 박경주 수필선

밥상

초판 인쇄 2016년 11월 25일
초판 발행 2016년 11월 30일

지은이 박경주
펴낸이 서정환
펴낸곳 수필과비평사 · 좋은수필사
주소 서울시 종로구 삼일대로 32길 36(익선동 30-6 운현신화타워 빌딩) 305호
전화 (02) 3675-5635, (063) 275-4000 · 0484 **팩스** (063) 274-3131
이메일 sina321@hanmailnet essay321@hanmailnet
출판등록 제 300-2013-133호
인쇄 · 제본 신아출판사

ISBN 979-11-5933-067-4 04810
ISBN 979-11-85796-15-4 (전100권)

값 7,000원

이 도서의 국립중앙도서관 출판시도서목록(CIP)은 서지정보유통지원시스템 홈페이지(http://seojinlgokr)와 국가자료공동목록시스템(http://wwwnlgokr/kolisnet)에서 이용하실 수 있습니다(CIP제어번호: CIP2016028307)

Printed in KOREA